JN085795

生命（いのち）を理解する心の発達

子どもと大人の素朴生物学

外山紀子 Toyama Noriko

ちとせプレス

はじめに

［質問一九］
どうして、からだの中に
いのちは一つしかないんですか？（七歳）
［谷川さんの答］
……（略）……
からだの中にいのちのスペアがあると、
みんなからだを大切にしなくなるし、
どっちのいのちが自分のいのちか
分からなくなったりして、
アタマがおかしくなるんじゃないかなー。
（谷川俊太郎『星空の谷川俊太郎質問箱』五八～五九ページ）

本書のテーマは、生き物であれば誰もが一つしかもっていないもの、生命（いのち）である。一つしかないからこそ、私たちは新しく迎える生命を待ち遠しく思う。そして、無事に生まれるよう祈り、さまざまな準備を整える。かけがえのないものだからこそ、生命が失われると深い喪失感に襲われ、その心にふんぎりをつけるためにも古来の儀式を粛々と執り行う。スペアがないからこそ、自分の生命が長く続くよう気を配り、不具合を見つけたら速やかに対処する。どれだけ科学が発達し医療技術が進歩したとしても、またどのような社会・文化に属していても、生命が一つであることに変わりはない。時代や社会を超えて、生命の前ではみな平等である。

生命あるものには、それが動物であれ植物であれ、共通の生命活動を見ることができる。幼体から成体へという成長があり老化がある。生殖活動によって生命が継承されていく。病気になったり外傷を受けたりしても、そのダメージを自己回復する力がある。しかし力及ばず、死に至る場合もある。死は生命あるものにとっては不可避であり、一度死んだら元には戻らない。

ヒト、イヌ、アリクイ、ドードー、カメムシ、ハチ、ヒマワリ、ケヤキ、これらの生き物は、外見こそ大きく異なるが、等しく誕生、成長、老化、生殖、病気、そして死を経験する。一方、ゼンマイじかけのサルのおもちゃ、人形、二足歩行ロボット、アンドロイド、造花のアサガオは、生き物に似た外見でも、成長することも、老いることも、病気になることも、死ぬこともない。子どもは見かけの類似性に惑わされずに、生命あるものとないものの本質的相違にいつ気づくのだろうか。認知発達研究では一九八〇年代以降、生命現象（生物現象）に関する理解がさかんに検討され、成長や遺伝、病気といった生き物固有の現象について、幼児が荒削りではあるものの、生命の本質を捉えた理解を有することが明らかにされている。本書の一つの目的は、こうした近年の研究成果を紹介することにある。かつての発達心理学では、乳幼児はカオス〔混乱〕の世界に生きており、視覚や聴覚といった知覚能力も、記憶能力も、もちろん推論能力もまったく未熟であると考えられていた。ところが、言語に頼らない研究法の確立や神経科学〔脳科学〕の発展などにより、乳幼児に対する見方は、未熟な者から潜在的有能さを備えた者へと大きく変化した。生命現象に関する理解もその例外ではない。

本書のもう一つの目的は生命に対する大人の理解についても取り上げ、ヒトとはどのような存在かについて考える材料を提示することにある。かつて乳幼児期の未熟さを示すとされた認知的特徴が、近年、大人にも報告されている。住んでいる地域も生活環境も、信仰も教育的背景も異なる多くの大人が共通して〝未熟な〟思考を露呈する場合があるのだ。そしてその〝未熟な〟思考は、はるか昔の人々の考え方と類似していることも指摘されている。時代や文化を超えて認められることから、生命現象の理解に見られる〝未熟さ〟は、ヒトに本来的に備わった認知の傾向と見ることもできる。生命を守りつないでいくことは生き物にとって重大な使命であり、そのためにヒトは古来、知恵をしぼってきた。遺伝子レベルでの治療が行われるようになった現在でも、このことは変わらない。たとえ科学的に〝正しい〟答えが提示されても、ヒトは自分なりの答えを見つけ出そうと奮闘する。ここに、汎時代的、汎社会的に共通の傾向が認められる所以があるのだろう。

本書では、以下のテーマを取り上げる。生命あるものとないものの区別〔第1章〕、成長〔第2

章）、病気（第3章）、心と身体（第4章）、遺伝（第5章）そして死（第6章）である。生命現象に関する素人の理解は、認知発達研究では「素朴生物学」（naive biology）と呼ばれ、これまでに多くの研究が行われている。本書は研究論文ではないので、各テーマに関する素朴生物学研究を網羅的には紹介しない。しかし、生命に関する見方・考え方を知るうえで重要な、そして示唆するところの多い研究については、具体的な課題にも触れながら紹介していきたい。発達心理学の専門知識をもたない読者にも、生命現象に関する認知の面白さをお伝えできれば幸いである。

目次

第1章　生命あるもの

母がミシンをかけている様子をじっと見ていた。
いきなり大声で、「それ　すごいはしゃいでいるね！」
（四歳）
（朝日新聞出版『あのね――子どものつぶやき』
一三ページ）

最初に取り上げるテーマは、生命あるものとないものの区別である。動物と植物を含む生き物は生命活動を営む一方、人工物や自然物はそうではない。この区別は、いつできあがるのだろうか。まずは乳児期における、生き物らしさ（アニマシー）に注意を向ける特別な感受性から見ていこう。

1　生き物らしさ（アニマシー）

●顔は生き物のサイン

子どもは誕生間もない時期から、生命あるもの（生き物）とないものに対して異なる振る舞いを見せる。カナダで行われた研究（Legerstee et al., 1987）の話から始めたい。この研究では、生まれてまだ一カ月程度（二一～四八日）の乳児に、母親、なじみのない女性、人形（全長四〇センチ、黒い大きな目をもつ市販の人形）と対面する状況を設定した。そしてそこでの乳児の反応を、隔週あるいは一カ月に一度、三～二五週にわたって縦断的に観察した。母親も、見知らぬ女性も、人形も、外見はよく似ているが、乳児はこの三者に対してどのような行動を向けたのだろうか。観察の結果、乳児は五週になると人形より生き物である母親、なじみのない女性に対して頻繁に発声するようになった。そして七週時点でより多く微笑むようになり、一七週までにより頻繁に手を伸ばすようになった。つまり生後二カ月というわずかな期間に、乳児は生き物である他者に対して選択的により多くのコミュニケーション行動を向けるようになったのである。

では、乳児は何を手がかりとして、生き物と生き物でないものを区別しているのだろうか。これまでの研究より、鍵となるものは外見（顔）と動きであるようだ。

乳児にとって顔が特別な意味をもつものであることは、これまで多くの研究で示されている。

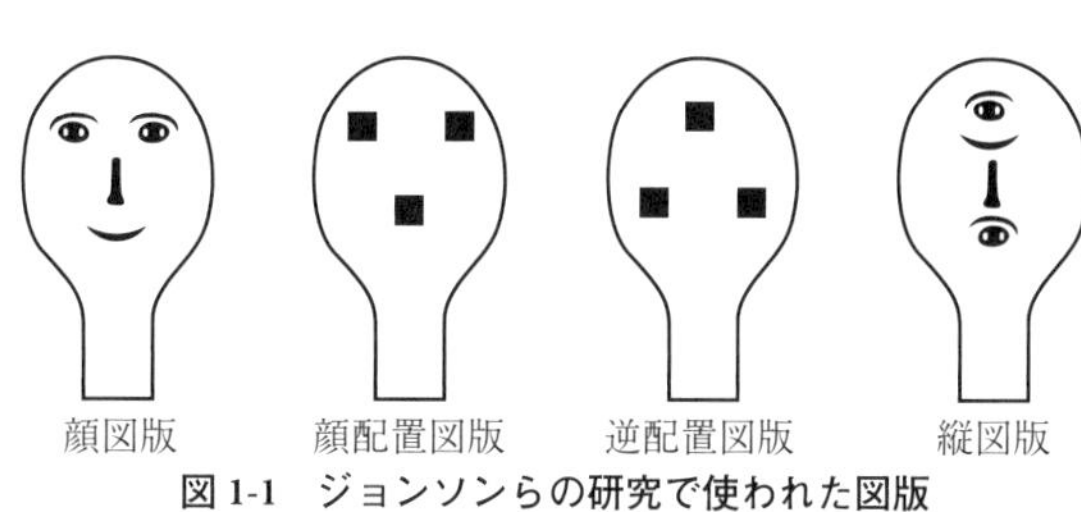

図 1-1　ジョンソンらの研究で使われた図版

（出典） Johnson et al.（1991），Experiment 2 より作成。

その先駆的な研究を一つ紹介しよう。これはもう三〇年ほど前、イギリス・ロンドンで行われた研究である（Johnson et al., 1991）。生まれてたった一時間という、〝超〟新生児に図1－1のような四つの図版を見せた。目・眉毛・鼻・口が描かれた顔図版、三つの四角を顔のように配置した顔配置図版、三つの四角を上下逆に配置した逆配置図版、そして顔図版のパーツを縦に配置した縦図版である。乳児の目の前で図版を動かすなどして乳児の注意を十分に引きつけ、各図版に対する注視時間を測定した。注視時間の長さは、その対象に対する注意の大きさの指標となる。大人でも、興味をもった対象には長い時間視線を向けるだろう。これと同じである。

実験の結果、乳児は逆配置図版や縦図版に比べ、顔図版をより長く見つめることが示された。顔図版と顔配置図版との差はそれほど大きくなかったものの、やはり顔図版に対する注視時間の方が長かった。誕生直後にこのような結果が認められたことより、顔への選好はヒトに生得的に備わったものといってよいだろう。ヒトは生まれながらにして、他者の顔を環境内から素早く探せるようにできているのである。

顔が特別な意味をもつことは、乳児期に限ったことではない。たとえば、二、三歳児は事物名称を学習する際、対象事物に目がある場合とない場合とで異なる特徴に注意を向ける（Jones et al., 1991）。目がない場合には事物の形状にのみ着目するが、目がある場合、すなわち、対象事物が顔に見える場合には、形状と表面の質感（手触り）に着目するのである。大人についても、顔があると向社会性、すなわち他者を気遣い援助しようとする傾向が高まることが知られている。アメリカの大学生はディスプレイに顔画像があると、それがない場合より多くの金額を寄付するのである（Haley & Fessler, 2005）。

●生き物らしい動き（バイオロジカル・モーション）

乳児の注意を引きつけるもう一つの情報は、生き物（動物）らしい動きである。動物固有の特徴を備えた動きはバイオロジカル・モーションと呼ばれている。その知覚に関する検討は、心理学では大変によく知られたヨハンソンの研究（Johansson, 1973）に端を発している。ヨハンソンは、身体の関節付近に光点をつけて動作する場面を暗闇で撮影し、それを実験対象者に見てもらった（図1－2）。その結果、一〇個前後の光点が動いているだけだというのに、実験対象者はその動きから動作主が何をしているのか（たとえばキャッチボールをしているとか、スキップしているとか）、動作主が女性なのか男性なのか、どのような感情状態であるのか（たとえばイライラしているとか、喜んでいるとか）を容易に判別したのである。こうした知覚が成立するためには動きが重要であり、たとえ光点が数十個に増えたとしても、静止している場合にはただのランダムな点とし

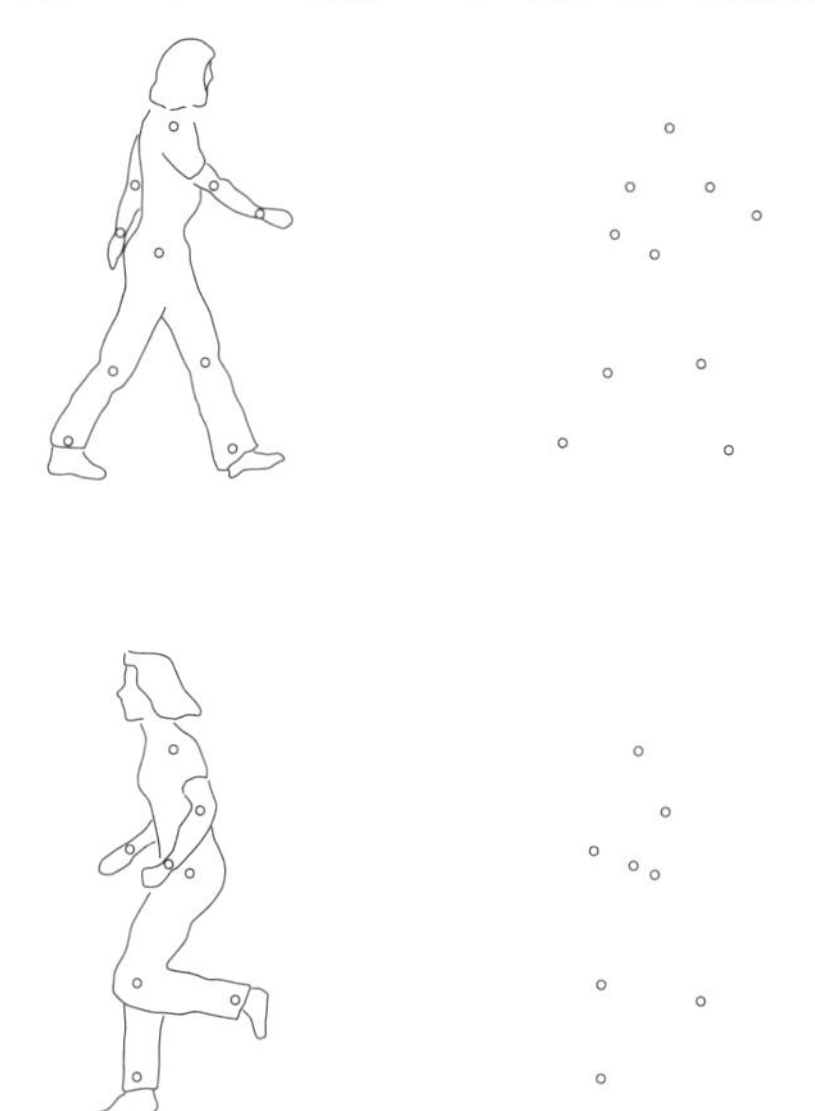

図1-2　ヨハンソンの研究で提示された光点映像

（出典）Johansson（1973）より作成。

てしか知覚されない。つまり、バイオロジカル・モーション知覚は成立しないのである。

ただし、どのような動きでもよいというわけではない。バイオロジカル・モーション知覚が成立するためには、動きに次のような特徴が備わっている必要がある。まず動きが自己推進的である（みずから動き始める）こと、動きの軌跡がなめらかであること、さらに相手の行動に応じて反応するなど、相互作用パターンが随伴的であることである（Rakison & Poulin-Dubois, 2001）。

乳児はこれらの特徴をもった動きをより好む。たとえば、三カ月

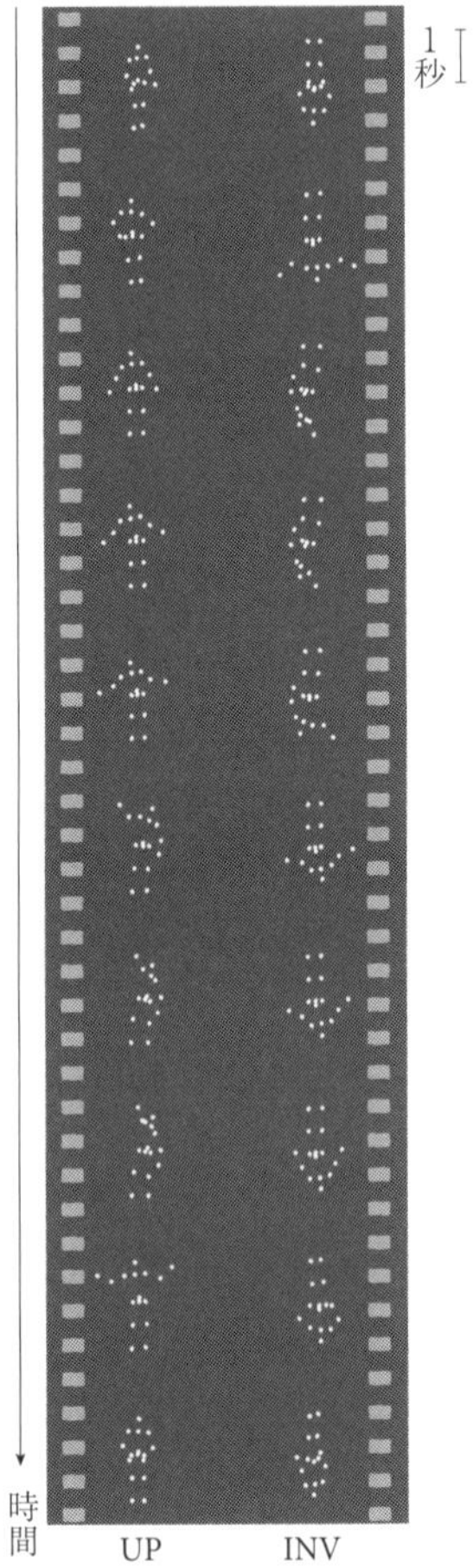

図 1-3　クリンらの実験で提示した映像

（注）　UP はバイオロジカル・モーション，INV は逆さま逆回し映像。

（出典）　Klin et al.（2009）より作成。

児は光点がランダムに、あるいはまとまりなく動く動きよりもバイオロジカル・モーションを長く見つめる傾向がある（Bertenthal et al., 1985）。一方、社会性、想像力、そしてコミュニケーションの困難を主とする発達障害児には、バイオロジカル・モーションへの選好が認められない。ある研究では、定型発達と自閉症の二歳児を対象として、図1－3のように音楽にあわせて踊っているバイオロジカル・モーション映像（UP）と、それを上下逆さま、かつ逆回しにした映像（INV）を提示し、注視時間を測定した（Klin et al., 2009）。しかし、自閉症児には、逆さま逆回し映像よりバイオロジカル・モーション映像を長く見つめる傾向は確認されなかった。

●自己推進性による生き物と事物の区別

乳児はバイオロジカル・モーションを好むだけでなく、生まれて半年も過ぎれば、バイオロジカル・モーションが生き物（動物）のものであり事物のものではないと区別するようになる。アメリカ・ハーバード大学の発達心理学者であるスペルケ（E. S. Spelke）らによる研究（Spelke et al., 1995）では、馴化法という研究法を用いて、自己推進性をもった動きについて検討が行われた。馴化法とはおもに乳児を対象とした研究で使われる手法で、二つの刺激を継時的に、つまり一つずつ順番に提示し、それに対する反応を見るものである。最初の刺激（馴化刺激）を何回か見せ、乳児がそれに馴れたら（馴化したら）、次の刺激（テスト刺激）に切り替える。馴化したかどうかは注視時間で測定する。大人もそうだが、ある刺激への馴れ（飽き）が生じると注視時間は短くなる。馴化刺激への注視時間が短くなったところでテスト刺激を提示する。もし乳児が馴化刺激とテスト刺激を別のものと認識すれば、注視時間は回復するはずである。これを脱馴化という。一方、馴化刺激とテスト刺激を区別しなければ、注視時間は短いままとなる。

スペルケたち（Spelke et al., 1995）は七カ月児を対象として、図１－４の映像を用いた実験を行った。映像の主人公がヒトである条件と、事物（車輪のついた車）である条件がある。まず、馴化刺激として、ついたての左側から男性（ヒト条件）、あるいは車輪のついた事物Ａ（事物条件）がついたての向こう側に入っていき、その後、ついたての右側から女性（ヒト条件）、あるいは事物Ｂ（事物条件）が出ていく映像を提示した。これを馴化が生じるまで、つまり乳児が飽きて、も

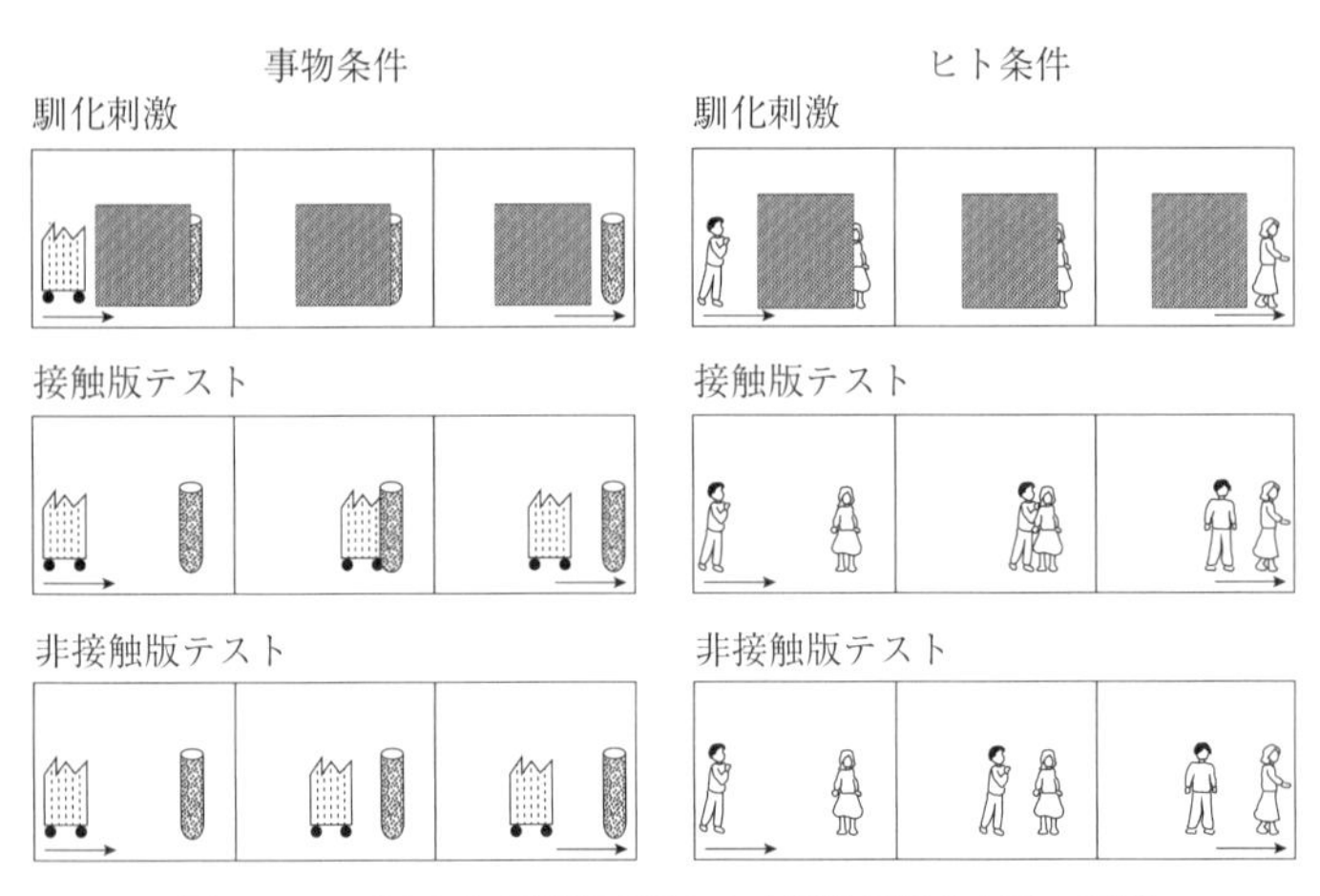

図 1-4　スペルケらの研究で使われた馴化刺激とテスト刺激
（出典） Spelke et al.（1995）より作成。

うあまり視線を向けなくなるまで、繰り返し見せた。飽きを確認したところで、今度はテスト刺激を提示する。テスト刺激ではついたてが取り除かれており、いわば馴化刺激の〝種明かし〟ともいえる映像が示される。この〝種明かし〟には、ヒト条件でも事物条件でも接触版と非接触版があった。接触版では、男性と女性（ヒト条件）、あるいは事物AとB（事物条件）が接触した後で、女性あるいは事物Bが右方向に移動する。一方、非接触版では、接触してもいないのに、女性あるいは事物Bは右方向に移動する。

動物であるヒトは自分で動くことができる、つまり自己推進的なので、接触版も非接触版も何ら不自然ではない。しかし事物の場合、リモコンあるいは時限式のゼンマイでもついていない限り、みずから動き始めることはない。そのため、事物条件の場合、非接触版はほぼありえない現象となる。

馴化法は期待背反法ともいわれており、当然そうなるだろうと予測していたものと異なる刺激に接すると脱馴化が生じる。では、スペルケらによるこの実験では、どのような結果が得られたのだろうか。脱馴化はどの条件で生じたのだろうか。脱馴化は、事物条件の非接触版についてのみ認められた。つまり七カ月児は、事物がみずから動き出すとは予測していなかったのである。ヒトについてはみずから動き出すことも、他者に押されて（接触によって）動き出すこともある。しかし、事物は何かに押されて動き出すことはあっても、みずから動き始めることはないと予測していた。だから、この予測に反して事物がみずから動き始めると、おそらく驚いて、凝視してしまったといえるのである。

2　生き物概念

●ピアジェのアニミズム

ここまで見てきたように、乳児でも生き物と生き物でないものに対して異なる社会情動的反応を向ける。だからといって、乳児が生き物という概念をもっているとはいえない。

発生的認識論の提唱者であるピアジェ（J. Piaget）によれば、生命（life）概念は四つの段階を経て発達する（Piaget, 1929）。以下が、各段階の特徴である。

第一段階：生きていることは活動していること（何かをしていること）である。ピアジェは次の例を挙げている。

ベル（八歳六カ月）：質問者「太陽は生きている（alive）？」↓子ども「うん、生きてるよ。」↓「どうして？」↓「だって、明るくしてくれるもの。」……（略）……質問者「木は生きている？」↓子ども「生きてないよ。でも、果物をつけているときは生きてるよ。何もつけてないときには生きてないよ。」……（Piaget, 1929, p. 196）

第二段階：生きていることは、動くことである。

セス（八歳）：質問者「あなたは生きている？」↓子ども「うん、生きてるよ。」↓「どうして？」↓「だって、私は歩けるし、どこかに行くことも、遊ぶこともできるから。」↓「じゃあ、魚は生きている？」↓「生きてるよ。だって、泳ぐもの。」↓「じゃあ、自転車は生きている？」↓「生きてるよ。」↓「どうして？」↓「だって、自転車はどこかに行くことができるもの。」↓「雲は生きている？」↓「生きてるよ。」……（同書、二〇〇ページ）

第三段階：生きていることは自律的に動くことである。

フラン（一五歳五カ月）：質問者「虫は生きている？」↓子ども「生きてるよ、虫は歩けるからね。」↓「雲は生きている？」↓「生きてないよ、風が雲を運ぶんだよ。」↓「自転車は生きている？」↓「生きてないよ、自転車をつくった人間が自転車を動かすんだよ。」……

（同書、二〇二ページ）

第四段階：自律的に動くことのない植物も動物と同じように、生き物と見なす。

ピアジェは、生き物でない事物、たとえば太陽や木、自転車、雲などを生きていると見なすことをアニミズムと呼んだ。そしてアニミズムを、生命現象に関する理解の未熟さを示すものとした。

●アニミズムの再検討

ピアジェの理論は段階の理論といわれる。あらゆる知識領域に適用される認知構造（シェマ）が階段を上るように、つまり段階的により高次のものに生まれ変わっていく過程として発達を描いたからである。

ケアリー（S. Carey）というアメリカの認知発達心理学者はアニミズムを再検討し、その成果を『子どもは小さな科学者か』（*Conceptual change in childhood*）という本にまとめた（Carey, 1985/1994）。この本の中で、ケアリーはアニミズムを生物領域に関する知識の不足によって引き起こされると主張した。ピアジェのように、領域汎用的な認知構造によっては発達を説明しなかったのである。しかし、動物や植物を生き物と見なす概念の獲得を一〇歳過ぎと主張した点では、ピアジェと同じ立場に立った。

この主張を支持するデータとして、ケアリー（Carey, 1985/1994）は機能的投射の実験結果を挙げている。機能的投射とは、ある対象にAという属性があると教え、その属性を別の対象（ターゲット）にあるか（投射するか）判断を求める研究法であり、これによって概念構造が明らかになる。ケアリーはまず、子どもたちになじみのない言葉である「脾臓（ひぞう）」がヒトやイヌ、ハチにあると教えた。次に、別の動物（ほ乳類や鳥類、昆虫、幼虫）や植物（花）、自然物（太陽や雪）、人工物（乗り物や道具）といったターゲットに「脾臓」があると思うか判断を求めた。実験の対象となったのは四歳児、六歳児、一〇歳児、大人であった。ヒト、イヌ、ハチが同じ概念にまとめられていれば、ヒトについて教えられようと、イヌについて教えられようと、ハチについて教えられようと、投射の結果に大きな差はないはずである。また、動物、植物、自然物、人工物といったカテゴリーが構成されていれば、判断結果はカテゴリーごとにまとまりをもつはずである。

実験の結果、四歳児、六歳児は、ヒトについてある属性があると教えられた場合には、多くのターゲットにその属性があると判断した。しかし、イヌやハチについて教えられた場合には、そうではなかった。ここから、他の動物について判断することの中心にヒトがあることがわかる。また、ヒトについて教えられた場合、ヒトとターゲットの見かけの類似性が高いほど、多くの属性をターゲットに投射した。四歳児と六歳児はヒト、イヌ、ハチを同じカテゴリーにまとめておらず、またヒトとの見かけの類似性に頼って判断しているのである。一方、一〇歳児と大人は、ヒト、イヌ、ハチの間で判断結果に大きな差はなく、類似性も影響しなかった。

ここからケアリーは、四歳児、六歳児にとってヒトは他の動物とは異なる特別な地位にあり、他の多くの動植物と同じカテゴリーにまとめられているわけではないと結論づけた。また、他の実験結果もふまえ、一〇歳前の子どもは、消化や循環、呼吸といった身体内部の働きを「食べると大きくなる」という程度の理解、つまり入力－出力関係を知っているという程度の理解しかもたないとも主張した。

この主張が誤りであったことは、後のさまざまな研究で示されている。子どもは就学前までに、動物と植物が成長や再生、遺伝、死など、生き物にとっての重要な属性を共有していることを理解するようになる。その詳細は後の章で紹介する。とはいえ、「ヒトは動物か？」と明示的に問われると、アメリカの五～六歳児は、さらには学校で西洋近代科学を教えられている九～一〇歳児もこれを否定する傾向が強い（Leddon et al., 2012）。そしてこのことは、居住地域（都会でも田舎でも）による差はなく、アメリカ先住民の子ども（メノミニー）についても同じであった。

3　ロボットは生き物か

●サルのおもちゃ

乳児（新生児）は外見（顔）と動きの特徴から、生き物（動物）と事物に異なる反応を見せるが、事物の中にも動物とよく似た外見をもっており、みずから動き始める力をもつものがある。古くはぜんまいじかけのおもちゃ、最近ではロボット、さらにはヒューマノイドロボットなどである。

先に紹介したケアリーの研究（Carey, 1985/1994）では、ぜんまいじかけのサルのおもちゃ（シンバルを叩きながら、歯をむき出しにして動くおもちゃ）に、食べる、眠る、骨がある、心臓がある、子を産む、考えるといった動物固有の属性があるかどうか、四歳児、七歳児、一〇歳児と大人に判断を求めた。七歳児と一〇歳児、大人は、これらの属性をサルのおもちゃに帰属させることはほとんどなかった（帰属率は七歳児一二パーセント、一〇歳児と大人では二パーセント）が、四歳児では帰属率が三八パーセントであった。とはいえ、四歳児でもハンマーやテーブルといった動かない事物に対する帰属率は〇〜二〇パーセントであり、生き物（動物）と事物を混同しているとはいえない。両者をある程度区別しているものの、動き出すかもしれない、しかも外見も動物とよく似た対象については、どういう存在として見たらよいか混乱するのだろう。しかしこの混乱も、七歳までには解消される。七歳児はサルのおもちゃに動物属性を帰属することはほとんどなかった。

アメリカで行われた他の研究でも（Subrahmanyam et al., 2002）、同様の結果が認められている。三歳児と四歳児は掃除機や車、コンピュータなどの事物には動く、話す、息をする、考えるといった動物属性をほとんど帰属させなかったが、ロボットには「息をする」（一七パーセント）、「脳がある」（三三パーセント）といった動物属性を帰属させることがあった（どちらの属性も大人では〇パーセント）。以上のように、ヒトと外見がよく似たおもちゃやロボットは、幼児にとって事物と生き物の中間的な存在として認識されているようだ。

●ヒューマノイドロボット

ヒューマノイドロボット、すなわち人型ロボットについてはどうだろうか。ヒューマノイドロボットはヒトのような体形をしており、顔があることも、ヒトと同じように歩くことができるものもある。

アメリカで行われた研究では、三歳児、四歳児に、女児、カメラ、二足歩行ロボットの写真を示し、それぞれについて動物属性（見る、考える、見ているものについて考える、生まれる、生きている）と機械の属性（道具で組み立てられる、内部にワイヤが入っている、スイッチが入る、棚の中にしまわれる）があるか判断を求めた（Saylor et al., 2010）。二足歩行ロボットといえばホンダのアシモ（ASIMO）が有名だが、この研究ではソニーのキュリオ（Qrio）が使われた。三歳児も四歳児も、動物属性はカメラや二足歩行ロボットより女児に対して、機械の属性は女児よりカメラや二足歩行ロボットに帰属させやすかった。三歳児は、動物であるヒト（女児）と、機械であるカメラと二足歩行ロボットを、動物属性をもっているかどうか、機械の属性をもっているかどうかという点で明確に区別したのである。しかし、ヒトと外見がまったく似ていないカメラと、似ている二足歩行ロボットに対する結果については、三歳児と四歳児に相違があった。四歳児の判断結果はカメラと二足歩行ロボットで同一だったが、三歳児はカメラより二足歩行ロボットに対して、動物属性も機械の属性も帰属させやすかったのである。つまり、四歳児にとって二足歩行ロボットはカメラと同じ機械だが、三歳児にとってはより機械的でありかつ動物的であったのである。

●アンドロイド

数年前になるが、夏目漱石と瓜二つのアンドロイド（漱石アンドロイド）が製作され、ある大学の入学式で式辞を述べたことが話題になった。二足歩行ロボットの場合、ヒトに似ているとはいっても、またヒトとよく似た動きをするといっても、ロボットであることは一目瞭然だ。しかし、アンドロイドとなると、一見しただけではロボットなのか本当のヒトなのか判別できないこともある。ロボットに対する印象は、ヒトとの類似度が高くなるにつれ肯定的になっていくが、あまりに類似度が高すぎると、否定的な印象に急激に転じることが知られている。これを「不気味の谷」現象というが（Mori, 1970）、まさに不気味さを感じるほどのアンドロイドを前にして、子どもはどのような反応を示すだろうか。

漱石アンドロイドを製作した大阪大学・石黒浩の研究チームでは、図1−5のような映像を六〜八カ月児、九〜一一カ月児、一二〜一四カ月児に示した（Matsuda et al., 2015）。ヒト（若い女性）、若い女性のアンドロイド、そして顔をもつロボットが、手前に置いてあるチューブ入りの洗顔料に右手を伸ばし、それをつかみ、その後右手を元の位置に戻すという映像であった。右手の動きは、ヒトの場合、洗顔料に向かってまっすぐに伸びていくが、アンドロイドとロボットについて

図 1-5　松田らの研究で使われた映像

（出典） Matsuda et al.（2015）。

は技術的な限界により、まず洗顔料の上部に手が伸びていき、それから下方に下りていくという不自然さが残っていた。これらの映像を見たときに、乳児がどこに、どのくらいの間、視線を向けたかが分析された。

実験の結果、すべての月齢について、ロボットに対する視線探索は他の二つの対象（ヒトとアンドロイド）に対する視線探索とは異なることが示された。乳児は、ヒトとアンドロイドよりロボットに対して視線を向ける時間が長かったのである。しかし、ヒトとアンドロイドについては、視線を向けた部位や時間について相違がなかった。乳児にとってロボットはヒトと異なるものだが、アンドロイドとヒトは同じようなものとして知覚されているようなのである。いくらアンドロイドの動きに不自然さが残っていても、生後一年頃までの乳児はその不自然さを検出できるわけではない。

4　大人のアニミズム

●高齢者のアニミズム

高齢になるにつれ認知機能は衰えていく。とりわけ情報処理の速度や効率性に関わる能力である流動性知能は、語彙力など経験によって蓄積される能力である結晶性知能に比べ、加齢の影響が大きい（Schaie, 2012）。近年、高齢期に見られる認知的特徴の一つにアニミズムが加えられるようになった。

アメリカの若者（一八〜二三歳）、健康な高齢者（六五〜八一歳）、そしてアルツハイマー病を罹患した高齢者（七三〜九三歳）を対象として、生き物の概念を検討した研究がある（Zaitchik & Solomon, 2008）。動物（ネコ、鳥、ヘビ、虫）、植物（花、木）、自然現象（雨、雲、太陽、炎、風、山）、そして人工物（自転車、車、ベル、テーブル、時計、飛行機、ランプ、鉛筆）が、それぞれ生きているか（alive）判断を求め、三つの質問――「あるものが生きている（alive）、あるいは生き物である（a living thing）とは、どのような意味ですか」「生きているもの、あるいは生き物の名前を教えてください」「生きていないもの、あるいは生き物でないものの名前を教えてください」――からなるアニミズムインタビューに答えてもらったというものである。

成熟した思考のもち主なら、動物すべてを「生きている」とし、かつ自然現象と人工物のすべてを「生きていない」と判断するだろう。この標準的な判断パターンは若者の九五パーセントに認められた。しかし、高齢者では七〇パーセント、アルツハイマー病高齢者では二九パーセントにとどまった。アルツハイマー病高齢者では、動物だけでなく自然現象のいくつか、さらには人工物のいくつかについても「生きている」と判断した〝人工物アニミズム〟が対象者の五〇パーセントに及んだ。健康な高齢者では〝人工物アニミズム〟の判断をした者はいなかったが、動物と自然現象のいくつかを「生きている」と判断した〝自然現象アニミズム〟が三〇パーセントと最も多かった（若者では五パーセント、アルツハイマー病高齢者では二一パーセント）。

アニミズムインタビューのうち「生きているとはどういう意味か」という質問に、摂食や成長といった生物属性を挙げた者は若者の九五パーセント、健康な高齢者では九〇パーセントだった（中程度のアルツハイマー病高齢者では二〇パーセント、軽度では七八パーセント）。「生きているとはみずから動くこと」のように、活動的であることや動くことを挙げる回答は誤答ではないが、ピアジェの第二、第三段階に相当する。こうした回答は若者では三〇パーセント程度にとどまったものの、健康な高齢者では五〇パーセント、中程度のアルツハイマー病高齢者では五三パーセント、軽度では五六パーセントであった。アルツハイマー病の罹患の有無によらず、高齢者のほぼ二人に一人がピアジェの第二、第三段階の反応を示したのである。これまでの認知発達理論では、成人期までに獲得された概念はその後、変わらないという前提に立ってきた。しかし、幼児期の特徴とされるアニミズムが少なくない比率の高齢者（健康でも）に認められたという結果は、この前提に再考を迫るものといえる。

●生物学者による判断

「年をとると子どもに戻る」というが、まさにその通りだと思われた読者もいるだろう。しかし、動きにつられて本来は生き物ではないのに生き物の属性を付与してしまうという、乳幼児や高齢者の〝誤り〟の痕跡（あるいは兆候）は、若者にも、さらには生物学者にも認められている。

アメリカの大人（大学生）にさまざまな対象物の名前を提示し、それが生き物かどうか判断を求めた研究（Goldberg & Thompson-Schill, 2009）を紹介したい。提示した対象物は、動物と植物各三〇種類の他に、動かない人工物（箒やタオルなど）、動かない自然物（石やクレーターなど）、動く人工物（トラックやフェリーなど）、動く自然物（彗星や川など）各二〇種類であった。実験対象者は、次々と提示される単語について、それが生き物か（living）どうか、なるべく速く（遅くとも一秒以内）、しかもなるべく正確に判断するよう求められた。かなりタフな実験であることがわかるだろう。

その結果、たとえ大人であっても、動物より植物について判断する際に不正確な判断が多くなること、判断に時間もかかることが示された。不正確な判断、時間のかかる判断は、動かない対象物に比べると動く対象物について、人工物に比べると自然物について多かった。植物を生き物と判断すること、動く人工物や自然物を生き物ではないと判断すること、そして自然物を生き物ではないと判断することは、認知的負荷のかかった状況では大人にも難しいのである。

この研究では、さらに興味深い結果も示されている。イエール大学とジョンズ・ホプキンス大学の生物学部に所属する生物学の教授に対して同様の判断を求めたところ、〝普通の〟大人と同じような結果が示されたのである。アメリカの名門大学の生物学者でも、植物を生き物と判断すること、動く人工物や自然物を生き物でないと判断することについては、時に間違え、時間がかかったのである。

動くものを生き物と見なしてしまう〝誤り〟はヒト知性の奥深くに根ざしており、いくら専門的な知識を獲得したとしても、認知的負荷のかかった状況ではその〝誤り〟が露呈してしまうのだ。この〝誤り〟は、現在の日本のような工業化社会では必ずしもメリットをもたらすものではないが、はるか遠い昔、自分に危害を加えるかもしれない捕食者に常に注意を払わなければならない環境ではどうであっただろう。環境内から捕食者を素早く探知し、逃げる（あるいは戦う）準備を整えるためには必須のものであった、つまり非常に適応的であったとはいえないだろうか。

●かわいらしさとアニミズム

一九七三年にノーベル賞を受賞した動物行動学者のローレンツ（K. Lorenz）は雛の刷り込み行動で有名だが、ベビースキーマの研究でも知られている。ベビースキーマとは動物の幼体の外見的特徴を示したもので、頭が大きく、おでこが前にはり出しており、目が顔の低い位置にあり、

図 1-6　幼体（左）と成体（右）の頭部の比率

（出典） Lorenz（1943）より作成。

頬が丸みをもち、表面がやわらかいといった特徴をもっている（図１－６：Lorenz, 1943）。

大人はこのベビースキーマに接すると「かわいい」という感情を喚起されることが知られている。一方、ヒト乳児にとっても、ベビースキーマは重要な意味をもっている。他の動物に比べ、とりわけ未熟な状態で生まれてくるヒト乳児は、誰かに養育してもらわなければ生き延びることができない。養育してもらうためには、養育者に「かわいい」とか「守ってあげたい」と思ってもらえるかどうかが本質的に重要であり、そのためにベビースキーマが役に立つのである。

ベビースキーマと同じように、アニ

ミズムもまた、「かわいい」という感情を喚起させるという報告がある。アメリカとスペインで行われた研究では（Bjorklund et al., 2010）、幼児期の認知の特徴として知られるアニミズム、目的論、抑制、自分の認知能力への過信などを大人に提示し、それらに対する評価を求めた。目的論とは、ピアジェが幼児期の認知の特徴として挙げたもので、「川は海に流れ込むためにある」や「日暮れは夜をつくるためにある」など、自然現象を何かの目的を達成するためのものと見る思考である。

各課題の内容を以下に示す。

ⓐ　アニミズム

朝ご飯の時間です。今日は曇りです。カーラのお母さんがカーラに聞きました。「今日はどうしておひさまが出ていないのかしら？」。するとカーラは、「きっと、おひさまは怒ってるのよ」と答えました。

ⓑ　目　的　論

学校から帰ってきたダーレンはお母さんに言いました。「お母さん、今日学校で公園に行ったの。そのとき友達のフィルが山を指差して、『どうして山には、高い山と低い山があるんだろう』って聞いたの。だから僕は『高い山はたくさん歩くため、低い山はちょっとだけ歩くためにあるんだよ』って答えたんだよ」。

ⓒ　抑　制

学校から帰ってきたアンジーはお父さんに言いました。「お父さん、今日学校でね、〝のぞき見しないゲーム〟をしたの。先生が私に箱を渡して、『もし二分間この箱の中をのぞかなかったらご褒美をあげるよ』って言ったの。でもね、私のぞいちゃったの。本当にすぐにのぞいちゃったの。だけど先生はご褒美をくれたの。そのご褒美はクッキーだったの」。

ⓓ　認知能力の過信

ケイシーは学校の先生から、ある実験に協力してほしいと頼まれました。先生はケイシーの前に座り、「これから二〇枚の写真を見せるわよ。全部の写真を一分間だけ見てね。一分間で何枚の写真を覚えられるかな？」と聞きました。するとケイシーは「私、覚えるのがとっても得意なの。だから、二〇枚全部覚えられるわ！」と答えました。

目的論は事物に生き物の属性を帰属させるアニミズム同様、科学に反した、つまり超自然的な世界の捉え方である。一方、抑制（「我慢するように」という大人の言いつけを守れない）と認知能力の過信（自分の記憶能力を過大に見積もる）は、いずれも幼児期の認知的特徴ではあるが、認知的処理の非効率性を示すものである。

実験では課題の主人公がそれぞれ三歳児、九歳児であると想定し、各課題の主人公について肯定的・否定的な形容詞の評定を求めた。たとえば、「かわいい」といった肯定的な感情、「こそこそしている」といった否定的な感情、「頭がよい」といった知性、「無力な」といった無力さが課題の主人公にどの程度あてはまるか、大学生および小学生の子どもをもつ親に評定してもらったのである。なお、この研究では同じ実験がアメリカとスペインで行われた。

その結果、評定者が大学生であろうと親であろうと、男性であろうと女性であろうと、アメリカ人であろうとスペイン人であろうと、結果に差は認められなかった。課題の主人公が三歳児の想定であろうと九歳児の想定であろうと、アニミズムと目的論については肯定的な感情と無力さの評定が高く、抑制と認知能力の過信については否定的な感情の評定が高かったのである。つまり、アニミズムと目的論はベビースキーマ同様、大人に「かわいい」とか「無力だ」といった感情を喚起させるのである。

本章で見てきたように、アニミズムはけっして幼児期固有のものとはいえず、大人も状況によってはアニミズム的見方をとることがある。アニミズムは、普段は抑え込まれているものの、大人自身、自分の奥深くに抱え込んでいるものともいえる。このこともまた、アニミズムに対する肯定的態度の素地となっているのかもしれない。

さて、本章冒頭の「はしゃいでいるミシン」である（もし、なぜミシンがはしゃいでいるように見えるか、わからない方がいたら――おそらく若い読者の方々――、ユーチューブなどで検索してほしい）。人工物である、おそらく足踏みミシンの動きに「はしゃいでいる」という心的属性を帰属させることは、まさにピアジェがアニミズムと呼んだ現象である。ピアジェはアニミズムを前操作段階、すなわち幼児期の特徴としたが、これは乳幼児の専売特許とはいえない。負荷のかかった状況では、生物学者さえもが動きに生命を感じるのである。周囲の環境の中から、自分に（あるいは自分の家族に）危害を加えるかもしれない敵を見つけたり、逆に自分を助けてくれるかもしれない仲間を見つけたり、乳幼児にとっては自分を保護してくれる養育者を見つけたりすることは、死活問題である。アニミズムは、ヒトの生存を助ける合理的な生存戦略ともいえるだろう。

第2章　成長と老化

「どうしておじいさんやおばあさんて　しわがたくさんあるの？　悩み事があるのかなあ……」（七歳）
（朝日新聞出版『あのね――子どものつぶやき』九〇ページ）

時間が経つとともに、生き物の身体や身体機能は変化する。「身体が大きくなる」「できなかったことができるようになる」という獲得・成長の変化がある一方、「できていたことができなくなる」という喪失・衰退の変化もある。生命あるものはみな、こうした変化を経験するが、生命ないものは「古くなる」だけで、そのサイズが自然と大きくなったりはしない。事物などの経年変化は、生き物の発達的変化と本質的に異なるのである。本章では、生き物の成長や老化を、子どもと大人がどのように理解しているかを取り上げる。

1 成長

●身体サイズの変化

生き物の身体は発達過程で変化する。幼体から成体になるにつれ、身体サイズが大きくなり、種によっては形態が変わることもある。たとえば、チョウは卵が孵化して幼虫（イモムシ）になり、それがさなぎになり、さなぎから脱皮して成虫へと羽化する。あの美しいアゲハチョウがイモムシであったなど、知識がなければ想像できないことだろう。チョウほどのドラマティックな変化はまれだとしても、生き物のこうした変化は事物にはあてはまらない。事物は時間が経ったからといって、サイズが大きくなることも、外部からの作用なく形態が変わることもない。

生き物と事物に関するこの本質的な区別は、就学前の子どもにも認められている。アメリカの三歳児、五歳児と大人を対象とした研究を紹介したい（Rosengren et al., 1991）。この研究では図2－1のような絵を用いた。動物課題と事物課題があり、どちらについても幼体／新品が一つ、成体／中古品が二つ描かれている。動物課題の成体二つは、ⓐ幼体と比べて「同じ」か「小さい」、ⓑ「大きい」か「小さい」、ⓒ「同じ」か「大きい」場合があった。一方、事物課題の中古品二つはⓐ新品と比べて「同じ」か「小さい」、ⓑ「同じ」か「大きい」場合があった。これ

ⓐ　刺激：
同じ－小さい

幼体
成体

ⓑ　刺激：
大きい－小さい

幼体
成体

ⓒ　刺激：
同じ－大きい

幼体
成体

ⓐ　刺激：同じ－小さい

新品
中古品

ⓑ　刺激：同じ－大きい

新品
中古品

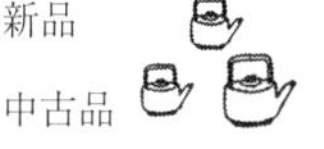

図 2-1　「成長」に関する実験で使われた課題

（注）　上段3セットが動物課題，下段2セットが事物課題。
（出典）　Rosengren et al.（1991），Experiment 1 より許諾を得て掲載。

らを見せながら、「大人になったら（たくさん時間が経ったら）、この赤ちゃん（買ったばかりの新品）はどうなると思う？」と質問し、成体／中古品二つから一つを選ぶよう求めたのである。さて、どれが正しい答えだろうか。動物課題では、ⓐ「同じ」、ⓑ「大きい」、ⓒ「大きい」が、最も一般的な成長パターンであろう。一方、事物課題では、どちらについても「同じ」となる。

　実験の結果、動物課題では三歳児でも、ⓐ〜ⓒいずれについても正しい反応が八〇パーセントを超えた。成長過程で動物の身体サイズが小さくならないことに気づいていたのである。一方、事物課題で「同じ」を選ぶ反応は「同じ」か「小さい」場合には八〇パーセントを超えたが、「同じ」か「大きい」場合には六〇パーセント程度にとどまった（五歳児では八〇パーセント程度）。どれだけ時間が経とうと事物のサイズは変わらないという理解は、三歳ではまだ十分でないが、就学前までには安定することがわかる。

●変　態

動物の身体は、成長過程でそのサイズだけが大きくなるわけではない。先の研究で実験対象者に提示された絵（図２－１）は、じつは正確とはいえない。第1章で触れたローレンツのベビースキーマにあるように、動物の幼体はふっくらと丸みを帯びており、発達とともにしだいに引き締まったシャープな形態に変わっていく。生き物は成長につれサイズだけでなく形態も変化するのである。動物の中には、先に述べたチョウのように、以前の形態が想像できないほど大きく変わるものもある。子どもはそうした変態（metamorphosis）を、どのように理解しているのだろうか。

アメリカの三～五歳児、六～八歳児、九～一一歳児と大人を対象として、変態を含めた身体変化の理解を検討した研究がある（French et al., 2018）。図２－２にこの研究で使われた絵を示した。幼体から成体への変化として、ⓐ形態はそのままで、身体サイズだけが大きくなる場合（サイズのみ変化）、ⓑ身体サイズだけでなく、形態も通常の成長による変化程度に変わる場合（成長）、ⓒ身体サイズだけでなく、形態も大きく変わる場合（変態）、ⓓ身体サイズも大きくなるが、種も変わる場合（種の変化）がある。成長過程でイヌがネコに変わることはないので、ⓓはありえない変化である。それぞれについて、幼体から成体への変化としてありうるかどうか、判断を求

幼体	成体			
	サイズのみ変化	成長	変態	種の変化

図 2-2　「変態」に関する実験で使われた「なじみあり」の課題

（注）　黒枠で囲まれたものが実際の成体。

（出典）　French et al.（2018）より許諾を得て掲載。

めた。

その結果、課題で提示された動物がなじみのあるものだった場合、「サイズのみ変化」については三～五歳児と六～八歳児の約九〇パーセント、九～一一歳児と大人の約六〇パーセントが肯定した。「成長」と「変態」については、年齢が上がるほど肯定する人が増えた。「成長」は三～五歳児約五〇パーセントから大人一〇〇パーセントへ、「変態」は三～五歳児約二〇パーセントから大人約九〇パーセントであった。しかし、どの年齢でも「種の変化」を肯定した人はいなかった。つまり、幼児でも成長に伴い動物の種が変わるとは考えていなかったのである。しかし、チョウやガのような変態に気づいている幼児は二〇パーセント程度にとどまった。

幼児においては「サイズのみ変化」を肯定した子どもの方が、「成長」を肯定した子どもより多かったという結果が示すように、成長に関する幼児の理解はさほど精緻なものではない。しかし、それは大人についてもあてはまる。対象となる動物がなじみのないものだった場合、大人でも「サイズのみ変化」を肯定した人が約八〇パーセントに上ったのである。サイズだけ大きくなるという変化は、実際には、まずありえない。しかしこれを大人ですら肯定するとは、どういうことなのだろうか。成長には通常、長い時間がかかる。短い時間間隔で見た場合、形態はほとんど変わらないことが多い。そのために、外見は変わらないというバイアス（思い込み）を、大人も抱いてしまうのだろう（French et al., 2018）。

幼児が変態という変化を受け入れにくいことは、同じ研究グループによる他の研究でも示されている（Herrmann et al., 2013）。アメリカの三歳児、五歳児に、幼虫がチョウへと成長する過程を実際に観察させ、観察前後の理解を比較したところ、チョウの変態を肯定する子どもは観察後に増加した。しかし、オタマジャクシ（カエル）についてはそうならなかった。実際に変態のプロセスを目にしたとしても、そこで得た理解は観察した種にとどまり、他に転移しなかったのである。

●植物の成長

成長過程で形態が変化することは、動物だけでなく植物についてもあてはまる。植物に関する理解は、稲垣佳世子と波多野誼余夫による検討がある（Inagaki & Hatano, 1996）。日本の四歳児・五歳児を対象として、動物、植物、事物（図２－３）について、数時間後の変化（朝、幼稚園に行く

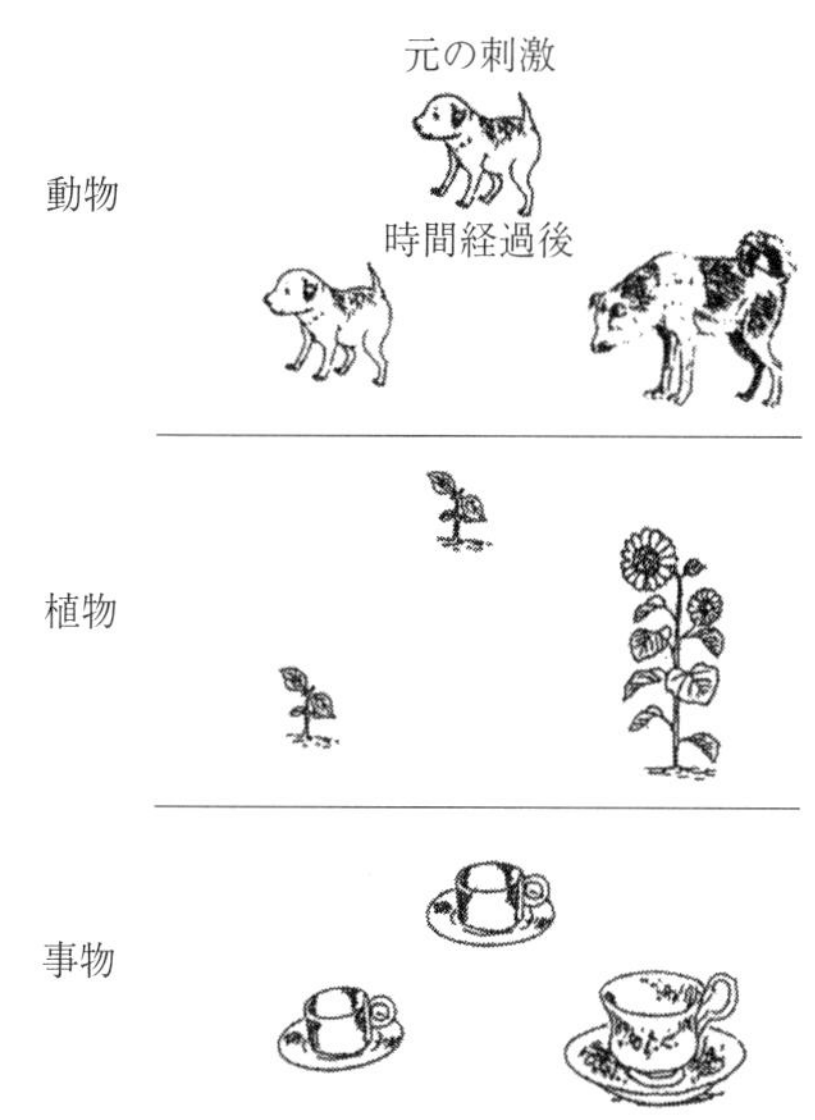

図 2-3　植物の成長に関する実験で使われた課題

（出典）Inagaki & Hatano（1996）より許諾を得て掲載。

前に見たときと、幼稚園から帰ってきてから見たときにどうなっているか）と、数年後／数カ月後の変化（ずーっとずーっと長い間、何年も〔花の場合には何カ月も〕経ったときにどうなっているか）を聞いた研究である。変化した後のもの（図2－3のそれぞれ下部の二枚の絵）は、「サイズも形態も同じ」ものと、「サイズが大きく形態も変化」したものがあり、そのうちどちらか一方を選ぶよう求めた。

正しい反応は、動物課題、植物課題については、数時間後は「サイズも形態も同じ」、しかし数年後／数カ月後は「サイズが大きく形態も変化」を選ぶことである。動物課題では四歳児の五〇パーセント以上、五歳児の約七〇パーセントについて、植物課題では四歳児の約六〇パーセント、五歳児の約八〇パーセントについて正しい反応が認められた。一方、事物課題でも正しい反応、すなわち数時間後も数年後も「同じ」を選ぶことが四歳児の約六〇パーセント、五歳児の約八〇パーセントに認められた。成長という点で植物を含む生き物とそうではない事物を区別することは、四歳頃までにできあがるようだ。

2 摂食

●摂食と成長

生き物の成長に欠かすことのできないものが栄養である。生き物には、みずからの身体を構成する有機物を外部から取り入れる種（従属栄養生物）と、みずから作り出す種（独立栄養生物）がある。前者にはヒトを含む動物が含まれ、後者には光合成によって無機物から有機物を合成する植物などが含まれる。子どもは生き物が栄養を必要とすることや、動物や植物の身体内部で生じているプロセスをどの程度、理解しているのだろうか。

このテーマに関するパイオニア的研究として、ウェルマン（H. M. Wellman）らの研究が挙げられる（Wellman & Johnson, 1982）。アメリカの幼児（年長児）、三年生、六年生を対象として、体重（太っている／やせている）、身長（背が高い／低い）、怠け（元気いっぱいである〔peppy〕／怠けている）、健康（健康である／病気である）、力強さ（力が強い／弱い）の差が何によって生じるか、説明を求めた。たとえば、「ここに二人の男の子がいます（絵を見せながら）。一人はジミー、もう一人はジョニーです。ジミーはとても太っています。一方、ジョニーはとてもやせています。二人がこれだけ違うのは、何が原因だと思いますか？」と聞き、子どもが「もうない」と言うまで質問を続けた。

その結果、どの年齢グループの子どもも、体重、健康、力強さについては食習慣（食べ物の量や質）を挙げることが多かった。「太っている子はたくさん食べた」「たくさん食べると力が強くなる」「食べると病気にならない」といった具合である。幼児は背の高さも食習慣と関係すると答えることが多かったが、六年生になると、食習慣より遺伝と答えることが多くなった。「いくらたくさん食べても、背は高くならない。背の高さは生まれつき決まっている」と説明するようになったのである。このように、背の高さは、年齢が上がると共に食習慣と切り離されていくが、怠けについては、逆に、年齢が上がるほど食習慣を原因とする説明が増えていった。何を食べるかが怠惰さと関係すると考えられるようになったのである。

この研究では双子課題、すなわち双子の一方が、ⓐもう一方より特定の食べ物を二倍量摂取する習慣を一年間続けたらどうなるか、ⓑ特定の食べ物しか食べない習慣を一年間続けたらどうなるかについても質問した。その結果、幼児は水であろうと野菜であろうと、さらにはデザートであろうと、二倍量摂取すれば体重も重くなるし、身長も高くなると答える傾向にあった。しかし、六年生になると二倍量食べても身長は伸びない、水は二倍量飲んでも体重にも身長にも健康にも関係しないと答えるようになった。ただし幼児でも、特定の食べ物しか摂取しない習慣を続ければ、身長も伸びないし、病気になりやすく、力も弱く、怠け者になるだろうと答える傾向があった。

幼児はたくさん食べると身長も体重も増えると考えていることが示されたわけだが、この点について幼児は食べ物の種類を区別しないことも、やはりアメリカの研究（Raman, 2014）で認められている。四～五歳児、二年生、四年生、六年生と大人を対象として、ヘルシーな食べ物（ブロッコリーやリンゴなど）を食べた人物と、ヘルシーでない食べ物（ドーナツやフライドチキン）を食べた人物の身長と体重がどうなるかについて質問した。四～五歳児はヘルシーであろうとなかろうと、食べさえすれば単純に身長も体重も増えると答える傾向にあった。二年生になるとヘルシーな食べ物についてのみ、それを食べるとより身長が伸びると答えるようになった。さらに四年生以上になると、ヘルシーな食べ物は身長を伸ばし、ヘルシーでない食べ物は体重を重くする（太らせる）と答えるようになった。食べ物の種類によって身長と体重への影響が異なるという理解は、児童期にできあがるようだ。

●媒介メカニズム

幼児でも摂食と成長（身長も体重も）の関連性に気づいているようだが、それは単に入力－

出力関係（食べる→大きくなるなど）を知っているというだけのことだろうか。「これをすればこうなる」という程度では、真に生物学的な理解をもつとはいえないという指摘もある（Carey, 1985/1994）。そこで次に、入力と出力を媒介するメカニズムに関する理解を見ていきたい。

スローター（V. Slaughter）らは、オーストラリアの五歳児、八歳児、一一歳児、一四歳児、大人を対象として、摂食の目的（たとえば、私たちはなぜ食べる必要があるのか）や摂食量（一日に一回だけしか食べなかったらどうなるか）、食べ物の効果（「よい食べ物」「悪い食べ物」は何か）、バランスの悪い食べ物の影響（ずっとチキンばかり、あるいは甘い物ばかり食べていたらどうなるか）に関する合計一三の質問を行った（Slaughter & Ting, 2010）。そこで得られた説明を、どのような因果関係に基づいているかという点から、次のように分類した。

ⓐ　関連性のみ：「食べるのは大きくなるため」のように、入力－出力関係の言及にとどまっており、因果関係の説明がないもの。

ⓑ　心的説明：「どうして食べないと死んじゃうの？」と問われ、「だって食べたくないから」のように、好みや欲求、信念など心的状態を原因として説明するもの。

ⓒ　生気論的説明：「どうして野菜は身体にいいの？」と問われ、「野菜にはよいエネルギーがあって、それで身体が活動的でいられるから」のように、食べ物のエネルギーやパワーを原因として説明するもの。

ⓓ　機械的説明：「健康でいるためには食べる必要があって、それはちょうどガソリンタンクを満たすようなもの」のように、身体をあたかも機械として説明するもの。
ⓔ　生理学的説明：「食べ物はグルコースや糖に分解される」のように、特定の生理学的プロセスに言及して説明するもの。

五歳児の説明はどの質問についても「関連性のみ」が多かったが、一九名中九名が少なくとも一度は機械的説明に言及した。たとえば、「食べ物によってはその中に『身体によいもの』が詰まっており、それが摂食によって身体の中に取り込まれ、成長や生存のために使われる」といった説明を産出したのである。八歳になると機械的説明（二〇名中一七名）に加えて生気論的説明（二〇名中一三名）が多くなり、さらに一一歳以上になると生理学的説明（一一歳では二一名中一〇名、一四歳では二〇名中一六名、大人では二〇名中一七名）も多くなった。この結果が示すように、幼児は摂食と成長を媒介するメカニズムについてまったく無知なわけではない。

● 生気論

スローターらの研究でも認められた生気論は、稲垣佳世子と波多野誼余夫によって提起された、生命現象の理解に使われる領域固有の説明原理である（Inagaki & Hatano, 1993）。生気論のもとでは、体内臓器に行為主体（agency）、つまり行動を引き起こし持続させる傾向が付与され、臓器の活動は生命力（vital force）の伝達もしくは交換として描かれる（Inagaki & Hatano, 2002）。生気論のもとでは、生命現象は欲求や意図ではコントロールできず、生命活動の維持という独自の目的に沿って営まれるとされる。

日本の六歳児、八歳児、大人を対象とした稲垣らの研究（Inagaki & Hatano, 1993）では、摂食や呼吸といった生命現象について次のような三つの説明を提示し、一番もっともらしいものを選択するよう求めた。たとえば、「私たちが毎日食べ物を食べるのは、なぜですか」（摂食）という問いに対して、ⓐ意図的説明「私たちがおいしい食べ物を食べたいからです」、ⓑ生気論的説明「お腹が食べ物から、元気が出る力をとるためです」、ⓒ機械的説明「胃や腸のなかで、食べ物の形を変えて身体に取り入れるためです」を提示した。大人はほとんどの場合に（約九〇パーセント）機械的説明を選択したが、六歳児が最も多く選択したのは生気論的説明（五四パーセント）だった。八歳になると生気論的説明の選択は減少し（三四パーセント）、代わりに機械的説明が増加した（六二パーセント）。

この研究では子どもに選択肢を提示する前に「なぜ」と質問し、子どもがみずから説明を産出する機会もつくったが、その場合には、六歳児は一度として生気論的概念に言及しなかった。この結果をどう解釈すればよいのだろうか。自発的には産出せずとも、選択肢として示されれば半数以上の場合に生気論的説明をもっともらしい説明として選んだということは、六歳児が生気論を「腑に落ちる」あるいは「納得できる」ものとして受け入れる素地をもっていたといえる。ピアジェのアニミズムを再検討したケアリー（Carey, 1985/1994）は、一〇歳以前の子どもは、欲求や意図といった心が生命現象を生じさせると考えている（心的因果）と主張した。しかし、稲垣ら（Inagaki & Hatano, 1993）の結果は、就学前までに、生命活動を心と切り離した萌芽的理解が出現することを示唆している。

3 消化

●消化器官

動物の成長の源となるものは、食べ物である。食べ物は口から取り込まれた後、食道や胃、腸などの消化器官において消化・吸収される。子どもは摂食後の食べ物はどのように変化すると考えているのだろうか。ただ身体内部を素通りし、「うんちになる」という程度のアイデアしかもたないのだろうか。

図2－4はブラジルの四歳児、六歳児、八歳児、一〇歳児に板チョコレートを渡し、それを実際に食べてもらい、「食べた後のチョコレートはお腹の中でどこを通るのかな、絵に描いてみてくれる?」と教示し、描いてもらったものである（Teixeira, 2000）。その際、臓器名についても述べるよう求めた。図2－4ⓐの作者は四歳児だが、腹部はほぼ空洞となっており、そこをチョコレートが通過していく。年齢が上がると、その空洞領域が分割され（図2－4ⓑ）、チューブ状の

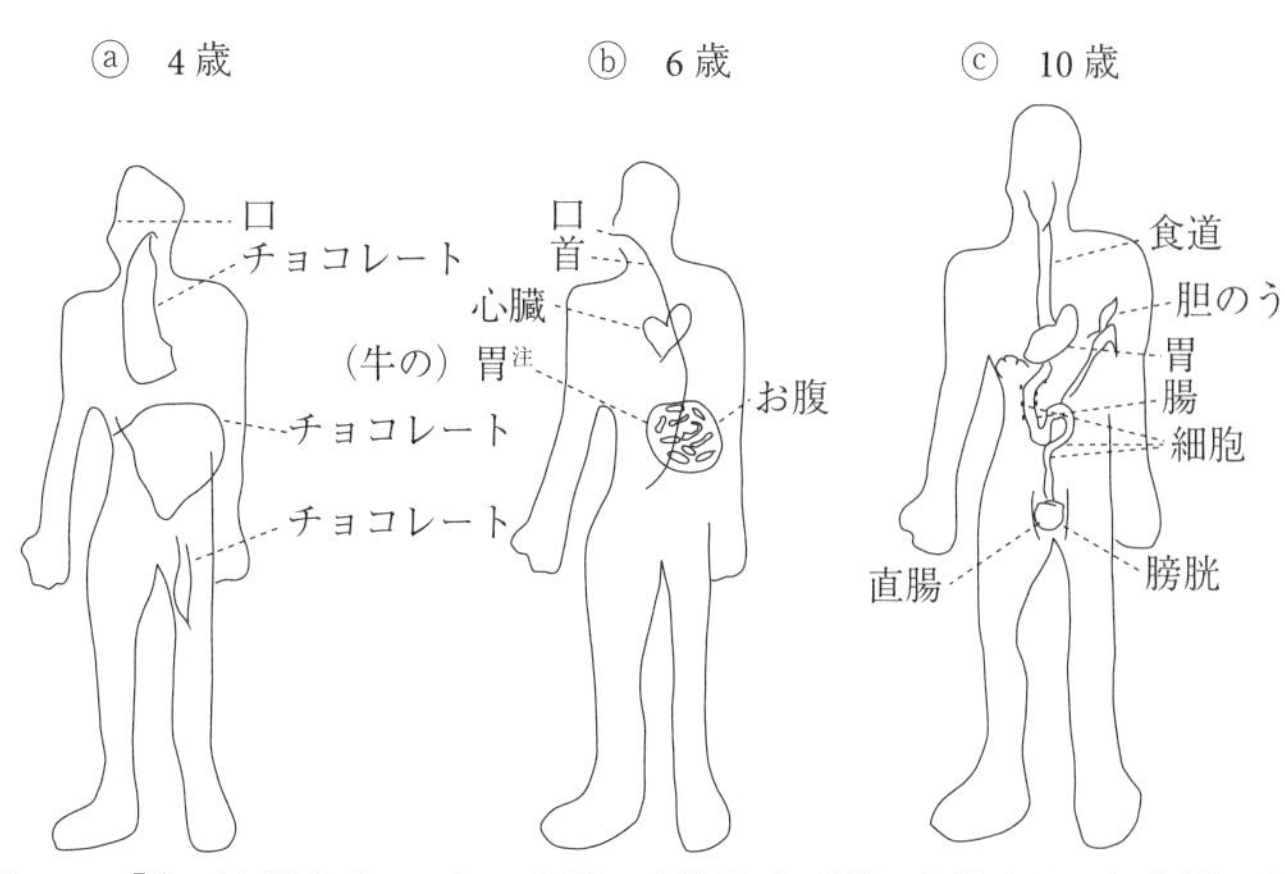

図 2-4　「食べた後のチョコレートは，お腹の中でどこを通るのか」を描いた絵
（注）子どもが胃（stomach）を牛の胃（tripe）と命名。
（出典）Teixeira（2000）より作成。

消化器官が出現する（図 2 − 4 ⓒ）。

ブラジルのこの研究では、身体内部で食べ物がどのように変化するかについても説明を求めた。四歳児の典型的な回答は次のようなものであった。

子ども（四歳）：……お腹がいっぱいになったら、もっと食べるために食べ物はどこかにいかなくちゃいけないの。
質問者：どこにいくの？
子ども：うーんと、ここにいくんだよ（右手を曲げ、左手で筋肉を指差しながら）。
質問者：そこはなんて言うの？
子ども：腕だよ。食べ物がきて（手の筋肉を指して）、ここにいるの。だから背が高くなるんだ。その後、硬くなる。でも、ここはちょっと柔らかいよ（太ももを指差しながら）。……

この説明によれば、食べ物は身体内部を移動し、身体を大きくするためにすべて使われる。つまり取り込まれた食べ物はすべて身体内部にとどまるというわけである。このような回答は四歳児の約八〇パーセントに認められた。六歳になると「すべて使われる」という回答は約二〇パーセントに低下し、代わりに「すべてうんちになって排出される」という回答が多くなった（約四〇パーセント）。さらに八歳、一〇歳になると、「一部はとどまり、一部は排出される」という回答が見られるようになる。たとえば、ある一〇歳児は次のように答えている。

子ども（一〇歳）：胃は食べ物に入っているよいものを血液に変えるよ。でも、悪いものは腸にいくんだ。心臓は食べ物を血液に変えて、その後で、血液を全身に送るんだよ。
質問者：食べ物は血液に変えられて、それから全身に送られるってこと？
子ども：そうだよ。
質問者：悪い食べ物は腸にいくの？　それからどうなるの？
子ども：うんちになるよ。

「一部消化、一部排出」は八歳児の約二〇パーセント、一〇歳児の約七〇パーセントに認められた。

●消化の機能的理解

ブラジルのこの研究によれば、幼児（四歳児）の理解は生物学的に適切とはいえない。しかし筆者の研究では、四～五歳児でも身体内部で食べ物から「成長や健康のために大事」な何かがとられるという機能的理解が認められている（Toyama, 2000）。日本の四～五歳児、七～八歳児を対象として、食べ物と息が身体内部でどのように変化するかについて三つの選択肢を提示し、よいと思うものを選んでもらった。提示した選択肢は次の三つであった。

ⓐ　物質的説明：食べ物（息）は身体の中に入った後、身体の中のいろいろなところに送られて血や肉に変わる（息の場合には、血や肉が作られるのを助ける）。
ⓑ　機能的説明：食べ物（息）の中には、健康でいることや生きていくために必要な大事なものが入っていて、その大事なものが身体の中でとられる。
ⓒ　知覚的説明：食べ物（息）は身体の中に入った後、色が変わったり温かくなったりする。

これらの中で科学的説明に最も近いものは物質的説明であり、逆に最も表面的な理解にとどまっているものは知覚的説明である。三つの選択肢から一つを選ぶという手続きは四～五歳児には負荷が高いため、機能的説明と知覚的説明の二つから選んでもらう条件、物質的説明と知覚的説明の二つから選んでもらう条件を設定し、食べ物と息についてそれぞれ選択を求めた。

口から入った食べ物や息の色が変わったり温かくなったりすることは、幼児でも経験的に知っているだろう。この研究のポイントは、幼児にもなじみがあるこの知覚的説明より機能的説明あるいは物質的説明をよい説明としてどれだけ選べるか、にあった。実験の結果、四〜五歳児は食べ物については知覚的説明より機能的説明を、物質的説明より知覚的説明を選択しやすかった。一方、息についてはどちらの条件でも知覚的説明を選ぶことが多かった。息に関する理解は表面的なものにとどまるが、食べ物に関する理解は「健康や生存に必要な何かがとられる」という機能的説明を受け入れる素地をもっていたといえるのである。しかし、四〜五歳児は物質的説明を選択するには至らなかった。

では、七〜八歳児についてはどのような結果が得られたのだろうか。七〜八歳児の結果も四〜五歳児同様、興味深いものであった。息についてはどちらの条件でも知覚的説明を選択しやすかったが、食べ物についてはどちらの条件でも知覚的説明を選択しなかったのである。つまり、息については四〜五歳児同様、身体内部で生物学的変化が生じることに思い至らないようであったが、食べ物については「健康や生存に必要な何かがとられる」だけでなく、科学的説明に最も近い「血や肉に変わる」という説明もよりよい説明として選ぶことができたのである。

筆者のこの研究では、身体内部における食べ物（リソース）の変化が生き物固有であるという気づきも四〜五歳児について確認されている。サル、毛虫、チューリップなど、ヒト以外の動物、植物、そして赤ちゃん人形（人形の口におもちゃのほ乳瓶をつけて傾けると、ミルクがなくなっていくかのように見えるもの）、ふうせん、車などの事物を実際に見せながら、四歳児、五歳児を対象として、同様の質問を行った。その際、「食べ物（ミルク、ガソリン、水など）はこの中に入ったあとで変わるかな？」とまず質問し、「変わる」という答えが得られた場合には機能的説明と知覚的説明を提示した。その結果、五歳児はヒト以外の動物・植物については機能的説明を選択しやすかった。しかし四歳児は、知覚的説明の選択と機能的説明の選択はほぼ同程度であった。ただし事物については四歳児も五歳児も、「変わらない」という回答が多かった。つまり、四〜五歳児は身体内部で生じるリソース（食べ物や水）の変化という点で、動物・植物を含めた生き物と事物を区別していたのである。

4　飼育経験の効果

●動物を飼育すること

ペットを飼っている家庭も多いが、動物飼育や植物栽培の経験は生き物の成長に関する理解と関連するだろうか。生気論的因果について検討を行った稲垣佳世子は、日本の幼児を対象として家庭でキンギョを飼育することの効果を検討した（Inagaki, 1990）。子どもの場合、家庭で動物を飼育しているといっても、世話はほとんど親任せ、自分はただペットと遊ぶだけといった場合もあるが、この研究では長期間にわたってみずからキンギョに餌をやったり、水槽の水を取り替えたりしたことのある五歳児と、飼育経験のない同年齢児に対して、未知の状況に対するキンギョの反応を予測してもらった。たとえば「キンギョに餌をあげすぎたらどうなるか」などと聞いたのである。その結果、飼育経験のある子どもは経験のない子どもよりも、「人間だってたくさん食べ過ぎるとお腹を壊すでしょ、キンギョは弱いから死んじゃうよ」のように、より的確に説明することが示された。

これと同じ効果が保育園や幼稚園の飼育活動についても認められている。筆者ら（Toyama et al., 1997）は、飼育活動を当番制ではなく子どもの自発性に任せて行っている幼稚園で五歳児の理解を検討した。この園ではアヒルを飼育しており、やりたい子どもがニンジンやキャベツなどの野菜を刻み、餌を替え、飼育小屋の掃除をしていた。研究ではまず、数日間、飼育活動場面を観察し、飼育活動によく参加している子どもとそうでない子どもを抽出した。その後、この子どもたちに飼育のやり方の手順を聞くと共に、手順の意味について質問を行った。たとえば、「なぜアヒルに餌をあげるときに、野菜を細かく切らなければいけないと思う？」とか、「なぜアヒルにあげる水を毎日取り替えなければいけないと思う？」などと聞き、自由に説明してもらった。

その結果、当番をよくやっている子どもはそうでない子どもよりも、手順をよく知っていただけでなく、「なぜそのやり方をとらなければいけないのか」をより詳細に、そして生物学的によりもっともらしく説明することができた。「細かく切らなければいけない」のは「大きいと口に入らないから」だけでなく、「アヒルには歯がないから、餌を小さくしておかないと飲み込めないから」、「水を毎日取り換えなければいけない」のは「臭くなるから」だけでなく、「そうしないとお腹が痛くなって、病気になっちゃうから」といった説明を産出したのである。ただし、幼稚園の飼育活動を検討した他の研究（並木・稲垣、一九八四）では、飼育活動によく参加するからといってより的確な理解を有するわけではないという結果も示されている。

●動物の立場になって考える

同じように幼稚園で動物を飼育していても、なぜある場合には生物学的な理解が育ち、またある場合にはそうならないのだろうか。並木と稲垣が検討した園では、飼育活動は当番制で行われており、当番になった子どもたちは午前中のわずかな時間に、掃除や餌やりなどを決められた手順に従って行うよう指導されていたという。一方、筆者らが検討した園では、飼育活動の参加は子どもの自発性に任されており、先生が飼育の手順を教えることはなかった。飼育の手順はカードに書かれており、子どもたちはそのカードを読み、手順の意味を考えながら動物の世話をするのである。カードを読むことで読み書き能力の育成を図るという意味もあったかもしれない。幼稚園の先生はその場面に立ち会うことも多かったが、「次はこれをやりなさい」など、直接的指示を与えることはほとんどなかった。そもそも飼育活動は自由遊び時間に行われるので、時間的な制約もあまりなく、子どもたちは「ガッチャン」（アヒル）が餌を食べる様子をじっと見て、時に笑いながら「今日はよく食べるね」とか、「ガッチャンはきっとキャベツが好きなんだろうね」といった話をよくしていた。

「これとこれを、こういう順番でやりなさい」と指示されると、子どもは指示されたことをやるだけでいっぱいになってしまう。しかし、時間の面でも気持ちの面でもゆとりのある環境であれば、自分の行動を振り返り、行動とその結果のつながりについてよく考えることができる。たとえば、野菜の配合がいつもと違っており、キャベツを多めに入れた日に「ガッチャンがたくさん食べた」のであれば、「アヒルはキャベツが好物なのかな」などと想像することができるだろう。

子どもたちの説明で特徴的だったことは、自分に置き換えて考えてみることだった。「どうして毎日、飼育小屋の新聞紙を変えるの？」と聞かれ、「もし私がガッチャンだったら汚い新聞紙の上で寝るのは気持ち悪いから、新しい新聞紙ならガッチャンも嬉しいと思う」と答えたり、「私も好きなものはたくさん食べる」「腐ったものを食べると人間は病気になるから、ガッチャンにだって腐ったものを食べさせちゃいけない」と答えたりしたのである。楽しみながらアヒルをよく観察するなかで、アヒルの立場に自分が置かれたら自分はどう思うか、どう感じるかと想像をめぐらす。こうした〝情動的擬人化〟が、アヒルもまた自分と同じ生き物であるとする気づきを促したのだろう。

5　老　化

●心的属性、身体的属性の変化

ここまで、生き物の発達の成長・獲得に関する理解を見てきた。しかし発達は生涯続くものであり、ここには停滞や衰退も含まれる。この節では、成人期以降の発達、すなわち老化（最近ではエイジングともいう）に関する理解を見ていきたい。

成人期以降の発達的変化に関する理解は、ロックハートら（Lockhart et al., 2008）による検討がある。この研究では日本とアメリカの五〜六歳児、八〜一〇歳児、大人を対象として、自分の特性を変えたいと思っている子どもを主人公とする課題を提示した。主人公は一般的に望ましいとは見なされない特性をもっており、それを変えたいと願っているという設定だった。特性には二種類あり、一つは心的属性（勉強が苦手、不親切）、もう一つは身体的属性（視力が低い、足が遅い、背が低い、指が欠損している）である。これらの他に反応バイアスを見るための統制課題として、変えることのできない二つの特性（空中で浮くことができない、眼の色が暗い）が用意された。

課題の主人公は五歳のときも一〇歳になったときも望ましくない特性をもっており（したがって、一時的な特性ではない）、この特性を望ましい方向に変えたいと思っている。そしてこの主人公が二一歳になったとき、さらに八〇歳になったときに、それぞれの特性が①まったく変わらない、②望ましい方向に変化した、③とても望ましい方向に大きく変化したという三つの選択肢を提示し、選択を求めた。「勉強が苦手」課題は次のようなものであった。

タロウ君は五歳です。タロウ君は学校の勉強がとても苦手です。タロウ君はもっと勉強ができるようになりたいと思っていました。タロウ君は、もっとたくさんのことを覚えられるようになりたいなあ、もっと頭がよくなりたいなあといつも思っていました。

タロウ君は一〇歳になりました。五歳だったときに比べれば、たくさんのことを知っています。でも、タロウ君はやっぱり学校の勉強は苦手です。同じクラスの友達に比べれば、あまりよく覚えられないし勉強もできません。タロウ君はいまでも、もっと頭がよくなりたいなあと思っています。学校の勉強がよくできるようになりたいと本当に強く思っています。

さて、タロウ君は二一歳になりました。タロウ君はこれまで、病院に長く入院したり、薬を長い間飲んだりしたことはありません。それでは、いまのタロウ君はどうなっていると思いますか。

① タロウ君は、同い年の友達と比べて、学校の勉強が苦手でたくさん覚えられません。タロウ君はいまでも、頭がよくありません。

② タロウ君は、学校の勉強がすごく苦手なわけではありません。同い年の友達と同じくらいの頭のよさです。

③　タロウ君は、学校の勉強がまったく苦手でなくなりました。学校ではとてもよい成績です。同い年の友達の中ではすごく頭のよい子の一人です。

課題の中で長期入院や薬の常習的な服用がないと述べたのは、人為的な介入によって特性を変えた可能性がないことを伝えるためであった。

実験の結果、日本でもアメリカでも同様の年齢差が示された。五～六歳児は心的属性も身体的属性も望ましい方向に変化すると考える傾向が強かった。しかし、年齢が上がるとともに「変化しない」という反応が多くなった。ただし、反応バイアスを見るために統制課題として用意した二つの特性（空中で浮く、眼の色を変える）については、五～六歳児でも「変化する」という反応は少なかったので、幼児はどんな特性でも変化すると考えたわけではない。一方、特性の種類による差については、どの年齢でも、またどちらの文化でも、身体的属性に比べて心的属性の方が変化しやすいと考えられていた。さらに文化差については、五～六歳児と八～一〇歳児では差が認められなかったものの、大人については日本の方が望ましい方向に変化するという反応が多かった。大人におけるこの文化差は心的属性についても身体的属性についても、さらに二一歳時点の変化についても八〇歳時点の変化についても一貫していた。日本の大人はアメリカの大人より望ましい方向に特性が変化すると考えやすかったのである。日本人は、個人の成長について楽観的な未来を描きやすいのだろうか。

●成熟と努力

ロックハートらは「変化する」を選んだ場合、その理由について説明を求めた。その結果、以下のような説明が認められた。

① 生物学的原因：「たくさんプロテインを摂ったから」「骨が大きくなったから」のように、生物学的・身体的原因に言及したもの。
② 努力：「たくさん勉強したから」「たくさん練習したから」のように、努力や練習を原因とするもの。
③ 自然な成熟：「年をとったから」「人は年をとると頭がよくなるから」のように、加齢に伴う自然な変化、成熟を原因とするもの。
④ 欲求：「そうなりたかったから」のように、主人公の願いや欲求を原因とするもの。
⑤ 学習：「速く走れる方法を教えてもらったから」のように学習を原因とするもの。
⑥ その他

理由についても、日本でもアメリカでも同様の年齢差が認められた。五～六歳児は「自然な成熟」を挙げた者が多く、年齢が上がるとともに「努力」が多くなった。前述の判断同様、文化差は五～六歳児と八～一〇歳児には認められなかったものの、大人には日本の方がアメリカより

「努力」が多いという相違が認められた。

以上のように、文化を問わず幼児は子どもの頃の望ましくない特性は年齢が上がるとともに、自然と望ましい方向に変化すると考えているようだ。ロックハートらのこの研究において、日本のデータ収集と分析を担当した中島伸子と稲垣佳世子は、幼児期におけるこの傾向を「素朴楽天主義」と呼んでいる（中島・稲垣、二〇〇七）。幼児は、子どもの頃の望ましくない特性は大人になれば自然とよい方向に変化するという素朴な期待を抱いているというのである。それが児童期に入ると、特性変化には何がしかの努力や練習、学習が必要であると認識されるようになる。中島らはこれを「努力依存の楽天主義」と呼んだ。興味深いことにこの「努力依存の楽天主義」はアメリカに比べると、日本の大人により強かった。

●外見の変化

ロックハートらの研究では、幼児でも身体的属性は変化しにくいと考えていることが示された。しかし、身体的属性の中でも外見は成人期以降、男女を問わず、文化を問わず、共通の変化が認められる。白髪が増え、人によっては毛髪が減り、顔には皺ができる。近年、アンチエイジングと銘打った化粧品や健康食品の人気が高まっているが、これらは外見の変化を食い止める（覆い隠す？）ことを意図したものである。子どもは、人生後半期における外見の変化に気づいているのだろうか。

図 2-5　老化に関する実験で使われた絵

（出典）　中島（2010）より許諾を得て掲載。

日本の四歳児、五歳児を対象として、図2－5のような絵を提示し、白髪、皺、毛髪の減少に関する理解を調べた研究がある（中島、二〇一〇）。上段の絵は二一歳の男性を表しており、この男性が「お誕生日が何回も何回も、とってもたくさんきて、いっぱいいっぱい年をとって八〇歳になったらどうなりますか？」と質問し、下段の二枚の絵から適切な方を選択するよう求めた。このうち一枚は身体サイズだけ大きくなったもの、もう一枚は白髪や皺が増えたものである。子どもから大人への変化であれば「サイズのみ変化」が適切だが、二一歳から八〇歳への変化であれば「白髪、皺の増加」の方がより適切である。実験の結果、「白髪、皺の増加」を選択した子どもは五歳では七六パーセントだったが、四歳では三五パーセントにとどまった。

前述の稲垣・波多野（Inagaki & Hatano, 1993）は、摂食と成長に関する理解を検討するために意図的説明、生気論的説明、機械的説明を提示し、もっともらしい説明を選択するよう求めたが、この研究でも白髪が増えるといった外見の変化がなぜ生じるかについて三つの説明を提示し、選択を求めた。提示した説明は、ⓐ身体内部的説明：「髪の毛をつくる身体の力が弱くなるから」のように、身体の内部の力・エネルギーが弱くなり変化を引き起こすと説明するもので、生気論的概念に依拠している。ⓑ意図的説明：「嫌な気持ちになることが多いから」のように、欲求や感情などが変化を引き起こすと説明するもの。ⓒ人為的・外部的説明：「白く染めたから」のように、人為的な外部からの働きかけが変化を引き起こすと説明するもの。その結果、五歳児では九〇パーセント以上の子どもが身体内部的説明を選択したものの、四歳児については五〇〜七〇パーセント程度にとどまった。成人期以降の外見的変化に関する理解は四歳では十分でないが、五歳を過ぎると明確になってくることがわかる。

幼児は生き物の成長過程についておおまかなことは理解している。動物だけでなく植物も含め、時間の経過とともに身体サイズが変わること、しかし事物にはそのような変化は生じないこと、また食べ物には生き物の成長に必要なものが含まれており、それが身体内部でとられることにも気づいている。幼児はヒトの発達についてとても楽観的だが、この傾向は明るい未来を描く助けになるだろう。望ましくない特性も自然と望ましい方向に変化するという期待がもてるのであれば、くよくよと悩む必要もないというものだ。

「しわがたくさんある」のは「悩み事がある」からという冒頭のエピソードであるが、この説明は、本章最後に紹介した研究の「意図的説明」にあたる。幼児には、おじいさんやおばあさんが悩み事をもっているように見えるのかもしれない。しかし、実験では日本の四歳児、五歳児は選択肢を示されれば「意図的説明」を排し、「身体内部的説明」を選ぶことが示されている。「しわがたくさんあるのは、悩み事があるからなのかな？　それとも、肌をピンとひっぱる、身体の力が弱くなるからなのかな？」と聞いたら、これをつぶやいた七歳の子はどちらを選ぶだろうか。

第3章　病気

［質問三二］
医学部生です。
谷川さんが
「このお医者さん、いいな」
って思うお医者さんって、
どんなお医者さんですか？（一九歳）
［谷川さんの答］
病んでいる部分だけを診ないで、
カラダ全体を診てくれて、
カラダだけではなく、
ココロを含めた患者の人間そのものを見てくれて、
死を話題にするのを恐れない医者。
（谷川俊太郎『星空の谷川俊太郎質問箱』九〇〜九一ページ）

生き物であれば、病気にかかることはまず避けられない。病原菌がヒトの歴史を大きく動かしてきたことは進化生物学などでも指摘されているが、ヒトは歴史を通じて病気と闘ってきた。病気の原因は何なのか、どうすれば病気を予防できるのか、どうすればそれを治せるのか。これらの問いは、ヒトにとってきわめて重大な問題である。現代の子どもや大人はどのように考えているのだろうか。

1 内在的正義

●公正世界

病気を含む、世界のさまざまな出来事について、私たちはさまざまな信念に基づいて判断したり因果関係を見出したりしている。私たちが依拠する信念の一つに公正世界信念（belief in a just world）がある（Lerner, 1980）。これは「悪いことをすれば罰があたり、善いことをすれば報われる」とか、「世界は公正であり、人はそれぞれに見合った賞罰を受ける」といった考え方である。実際には前触れなく事件・事故に巻き込まれるなど、この世界は不条理にあふれているのだが、公正世界信念では幸運にも不運にも原因があると見なすのである。これに基づけば、世界は予測可能な安定した場所であり、私たちは安心感を得ることができる。ただし公正世界信念は「痴漢に遭ったのは挑発的な服装をしていたからだ」など、被害者バッシングの源泉になることもある。

公正世界信念の維持に使われる因果律が、病気などよくない出来事の原因を過去の悪事にあるとする内在的正義（immanent justice）である。ピアジェはこれを幼児期の病因理解の特徴であるとした。幼児は風邪やインフルエンザといった伝染性の病気も、歯痛といった非伝染性の病気も、さらには骨折といったケガも、「言いつけを守らなかった」とか「嘘をついた」といった悪事への罰と考えているというのである。

歴史をたどれば、内在的正義は特段不思議な考え方ではない。古代日本では、天然痘といった疫病の原因は天皇の失政にあると考えられ、神々の怒りを鎮めるために大規模な祈禱が行われた（酒井、二〇〇二）。平清盛はマラリアで死んだといわれるが、当時は、清盛の独裁政治の犠牲になった人々の怨念が「物の怪」となり、清盛を死に至らしめたと信じられていた。現代でも、病気を「罰があたった」とする考え方は、さまざまな場面で表明される。たとえば、小児ガンを発病した中学生が母親に「なんで俺こんな病気になったんやろう」「やっぱ罰が当たったんちゃうか？」と問い、母親が「罰は当たらへん。関係ないやん。先生、原因はわからへんていうてたよ な」と返すやりとりが、子どもの闘病体験に関する研究で報告されている（戈木クレイグヒル、二〇〇八）。

●幼児期の内在的正義

本章の後半で取り上げるが、内在的正義はけっして幼児期特有の考え方ではない。しかしこれまで多くの研究で、内在的正義は未熟な考え方であり、とりわけ年少の子どもに強いとされてきた。たとえば、アメリカの幼稚園年長児、一年生、四年生、五年生を対象として、表3－1に示す九つの項目（①動物、②いたずら、③天気、④睡眠、⑤見えない原因、⑥食べ物、⑦他者、⑧遊び、⑨場所）が病気を引き起こすかどうか、判断を求めた研究がある（Gratz & Pihavin, 1984）。表からわかるように、内在的正義（質問②のいたずらに対応）の肯定率は四年生、五年生では四六パーセントだったのに対し、年長児、一年生では七〇パーセント以上に上った。年少児の多くが「いたずらが原因で病気になる」を「正しい」としたのである。一方、天気（質問③）や食べ物（質問⑥）、さらには見えない原因（質問⑤）については、年少児でも、それらが病気の原因になりうることを理解していた。しかし、病気の伝染性（質問⑦および⑨）については、四年生や五年生ほど明確な気づきは認められなかった。

一九八〇年代頃まではピアジェの主張に沿った報告が多かったものの、それ以降になるとピアジェ批判も強くなっていった。批判の一つは実験手続きに向けられ、冗長な質問を繰り返すといった実験手続きが幼児の能力を過小評価したのではないかと指摘されるようになった。

具体的に見てみよう。幼児期の内在的正義を支持する結果が認められた研究（Kister & Patterson, 1980）では、アメリカの四歳児～四年生に次のように質問している。

「あなたと同い年の子がいてね、その子はお母さんの言いつけを守らなかったの。あなたは、

表3-1　グラッツらの研究で使われた質問と，各年齢グループにおいて「はい」と答えた子どもの割合

	年長児・1年生 ($n=24$)	4年生・5年生 ($n=24$)
①　動物が原因で病気になる？	58.3%	100.0%
②　いたずらする子はよい子より病気になりやすい？	70.9%	45.9%
③　天気が原因で病気になる？	91.6%	91.6%
④　眠ることが原因で病気になる？	16.6%	29.1%
⑤　病気の原因になるものは，必ず見える？（「いいえ」と答えた子ども）	83.3%	95.8%
⑥　食べ物が原因で病気になる？	70.9%	100.0%
⑦　他の人が原因で病気になる？	58.3%	87.6%
⑧　遊びすぎたことが原因で病気になる？	37.5%	41.7%
⑨　どこかに行ったことが原因で病気になる？	54.3%	100.0%

（出典）　Gratz & Pihavin（1984），Table 2をもとに作成。

お母さんの言いつけを守らないことは良いことだと思うかな？（ここで子どもに「言いつけを守らないことは悪いことだ」と確認を入れる）それでね、あるときその子が風邪をひいたの。あなたは、その子が風邪をひいたのはお母さんの言いつけを守らなかったからだと思う？　その子はどうして風邪をひいたのかな？　もしお母さんの言いつけを守ったとしたら、どうだったんだろう？　言いつけを守ったとしても、その子は風邪をひいたのかな？　あなたは、どうしてそう思うのかな？」

さて、どのような感想をおもちだろうか。根掘り葉掘り同じ質問が繰り返され、まるで詰問されているようだと感じられた方もいるのではないだろうか。この研究では、四歳児一五名のうち一一名、つまり七三パーセントが風邪、歯痛、擦り傷の原因として「お母さんの言いつけを守らなかったからだ」という説明（内在的正義）を肯定した。

●ピアジェの再検討

実験手続きの面からピアジェを批判した一人がシーガル（M. Siegal）である（彼の研究成果は『子どもの知性と大人の誤解』〔Siegal, 2008/2010〕にまとめられている）。シーガル（Siegal, 1988）は、同じ質問を繰り返すことの問題、子どもにかかる社会的プレッシャーの問題を指摘した。「あなたはどう思う？　あなたの考えを教えて」と聞かれると、子どもは「自分の考えが正しいかどうか、大人から評価されている」「大人が気に入るような答えを出さなくては……」と考えてしまい（つまり、子どもなりに忖度する）、本来の能力を発揮しにくくなるのではないか、というのである。では、社会的プレッシャーのかからない質問方法はあるのだろうか。

シーガルは子ども自身の考えを問うのではなく、他者（パペット）のアイデアを第三者として評価してもらう方法をとった。第三者としての評価を聞かれるのであれば、社会的なプレッシャーはさほどかからないため、子どもは自分の考えが評価されているとは受け取らない、と考えたのである。そこでまず、病気にかかったという想定のパペットを登場させ、そのパペットが「同じ病気にかかっていた友達と遊んだから、自分も病気になっちゃった」と主張する場面（感染）と、「使ってはいけないと言われていたハサミで遊んだから、病気になっちゃった」と主張する場面（内在的正義）を提示した。続いて、「パペットが言っていることは、正しいと思う？」「パペットがいうような方法で病気にかかるものなのかな？」と聞いた。

実験の結果、病気が風邪だった場合、四〜五歳児四〇名のうち二九名（七三パーセント）が内在的正義を否定した。一方、感染については同数の二九名（七三パーセント）が肯定した。風邪については内在的正義を否定する傾向は児童期に入るとさらに強くなり、三年生では九五パーセントとなった。そして感染については三年生の全員が肯定した。シーガル同様、他者のアイデアを評価するという手続きをとった別の研究（Springer & Ruckel, 1992）でも、四〜五歳児は病気の原因として「盗んだリンゴを食べた」（内在的正義）ことを否定し、「ごみの中に落ちたチーズを食べた」（感染）ことを肯定している。

2　さまざまな理解

ここまで見てきたように、幼児の病因理解は内在的正義にとどまるとするピアジェの想定は必ずしも正しいものではなかったといえる。では、子どもは病気についてどの程度のことに気づいているのだろうか。

●伝染性と非伝染性

病気には伝染するものとしないものがある。伝染性の病気であるインフルエンザは、それにかかった友達と遊べば自分もかかるかもしれないが、同じように咳をするとしても、非伝染性の病気であるアレルギー性ぜんそくなら、咳をしている友達と遊んだからといってぜんそくにかかる可能性はまずない。

質問方法を変えることで幼児が必ずしも内在的正義に依拠しないことを鮮やかに示した、先のシーガルの研究（Siegal, 1988）では歯痛に関する理解も検討された。風邪は伝染性なので「風邪をひいた友達と遊んだことが原因で風邪をひいた」というアイデアは正しいが、歯痛については「虫歯の友達と遊んだから、自分も虫歯になる」ことはない。しかし、四〜五歳児の約半数（四五パーセント）がこのアイデアを肯定した。三年生（九〜一〇歳）になると、九三パーセントがこれを否定するようになった。伝染性・非伝染性の区別は幼児期にはまだ明瞭でないが、児童期半ば頃までにある程度の理解ができあがるようだ。

同様の発達的変化は、風邪とガンを取り上げた研究（Bares & Gelman, 2008）でも認められている。アメリカの五歳児、七歳児はガンも風邪も「病気の人の咳がかかった」「病気の友達と遊んだ」ことが原因で病気にかかるかもしれないと答える傾向にあったが、一〇歳児になると、風邪は伝染してもガンは伝染しないと判断したのである。さらに、伝染性の病気として風邪と水疱瘡、非伝染性の病気としてぜんそくと歯痛を取り上げた研究（Myant & Williams, 2005）でも、アメリカの四歳児が伝染性と非伝染性の病気をその原因、予防、経過、治療の点から明瞭には区別していないことが報告されている。ただし四歳児でも、伝染性・非伝染性にかかわらず病気とケガは区別しており、ケガは外部の力など物理的な要因に原因があるが、病気は内的要因に原因があると考えている（Myant & Williams, 2005）。

●バイキン

外から帰ってきて手を洗わないでいると「バイキンついてるから、洗って」、床に落ちたスプーンを洗わずそのまま使おうとすると「スプーンにバイキンついてるよ」など、養育者や保育者は頻繁に「バイキン」という言葉を口にする（Toyama, 2016）。子ども自身も手洗いの後、自分の手を見て「バイキンいなくなった、きれいになった」と言うこともある。はたして「バイキン（germs）」とはどのようなものと考えられているのだろうか。

バイキンは腹痛や風邪をもたらすものだという理解は、四～五歳児においてすでに認められている。アメリカの四歳児、五歳児に、「水の入ったコップに落ちたチーズを食べた」あるいは「ゴミ箱に落ちたリンゴを食べた」人物が病気になるかどうか予測を求めた研究がある（Kalish, 1996）。ただの水に落ちたチーズなら食べても特段問題はないが、もし水がバイキンで汚染されており、そのバイキンがチーズにも付着していたとしたらどうだろうか。とくに問題ないように見えても、そのチーズを食べれば病気になってしまうかもしれない。逆に、ゴミ箱に落ちたリンゴは通常避けた方がよいが、もしゴミ箱がまったく汚染されていなかったなら、したがってリンゴにバイキンがまったく付着しなかったなら、食べてもとくに問題はないだろう。この研究では、バイキンが付着したかどうかを明示的に告げ、病気になるかどうか予測を求めた。その結果、四歳児、五歳児は「バイキンがついている」と告げられた場合には、水に落ちただけでも「病気になるだろう」と予測し、「バイキンはついていなかった」と告げられた場合には、たとえゴミ箱に落ちたとしても「病気にならないだろう」と予測した。どこに落ちたかよりも、バイキンが付着したかどうかが重要であることに気づいていたのである。幼児はバイキンを、病気を引き起こす作用主として理解していることがわかる。

●潜伏期間

バイキンは身体内部に取り込まれたとしても、すぐに病気を発症させるわけではない。たとえば、汚染された牡蠣を食べても、すぐに気持ちが悪くなったり吐いたりするわけではないだろう。それはたいていの場合、翌日あたりである。しかし幼児は、バイキンの接触から発症までのタイムラグ、すなわち潜伏期間を十分には理解していない。

ある研究（Kalish, 1997）では、汚染された食べ物を摂取した後、情動反応と身体反応がいつ見られるかを聞いた。たとえば、「リンゴがゴミ箱に落ちた」としたら、そのリンゴを食べようとしていた人物は「いますぐに悲しくなるのかな？　それとももっと後になってから悲しくなるのかな?」（情動反応）、「いますぐに病気になるのかな? それとももっと後になってから病気になるのかな?」（身体反応）と聞いたのである。その結果、アメリカの三～五歳児の多くは、情動反応も身体反応も「食べたらすぐに」生じると答える傾向があった。幼児はバイキンが病気の原因になることは知っていても、バイキンとの接触から病気の発症に至るプロセスまで理解しているとはいえないのである。

とはいえ潜伏期間については、小学生でも、さらには大人でもたいして理解しているわけではない。ある研究ではアメリカの小学生（一～六年生）のほとんどが、バイキンの接触から病気の発症までに時間がかかること、その間にバイキンが身体内部で増殖することを知らなかった（Au & Romo, 1999）。日本の大人について、潜伏期間に関する理解を調べた研究では（稲垣、二〇一〇）、大学生および中高年者（四八～六九歳）のうち、潜伏期間をバイキンの増殖という点から説明した者はほとんどいなかった。その代わり、多くの大人が「消化に時間がかかるから」「吸収するのに時間がかかるから」など、消化吸収という点から説明したのである。幼児が病気について知っていることはわずかなものだが、大人の理解もじつはさほど違わないのである。

●寒さ原因説

西洋近代医学の枠組みから見ると、「寒さが原因で風邪をひく」という考え方（cold weather theory）は誤概念である（Sigelman, 2012）。風邪の原因はウィルスや細菌との物理的接触にあり、寒さが直接の原因ではない。しかし、この考え方は古代ギリシャの医師であったヒポクラテス（Hippocrates）の体液病理説でも触れられており（Sigelman, 2012）、以来、現在に至るまで多くの文化で認められている。本書ではこの考え方を「寒さ原因説」と呼ぶことにする。

寒さ原因説は大人の間でも広く浸透しているが、年少の子どもほど、ウィルスや細菌との接触より寒さを主要な原因と見なす考え方が強い。アメリカの小学四年生、六年生、中学二年生と大人（大学生）を対象として、「風邪をひくおもな原因は何？」と、一つだけ答えるよう求めた研究がある（Sigelman et al., 1993）。そこでは、寒さを挙げた者は六二・五パーセント（小学四年生）→二八・六パーセント（小学六年生）→一二・二パーセント（中学二年生）→一九・〇パーセント（大人）と徐々に減少していくことが示されている。一方、バイキンあるいは他者からの感染を主要な原因として挙げた者は二七・五パーセント（小学四年生）→五四・〇パーセント（小学六年生）→八一・六パーセント（中学二年生）→五一・七パーセント（大人）と、小学生から中学生の範囲では徐々に増加した。大人で感染を挙げた者が少なくなったのは、疲労を挙げた者が二〇・七パーセントと他の年齢グループに比べて多かったことによる。

年齢が上がるとともに寒さ原因説よりウィルス／細菌との接触を原因と考えることが優勢になるという変化は他の研究でも確認されている（Myant & Williams, 2005 など）が、興味深いことに、寒さ原因説は大人になっても消失しない。九歳児、一〇歳児、一二歳児と大人（大学生）に対して風邪の原因や予防法について説明してもらった研究（Bibace et al., 1998）では、科学的概念（身体内部の構造やウィルス）による説明は年齢が上がるとともに多くなったが、大人の間でも「寒いときに泳いだり、雪の中を出かけたりすると風邪をひく」といった説明が一定程度、認められたのである。五歳児、八歳児、一二歳児、一六歳児とその母親に風邪の原因を尋ねた研究でも（Schmidt & Fröhling, 2000）、寒さなど気候を原因として挙げた者はコンスタントに一〜二割程度だった（五歳児八パーセント、八歳児八パーセント、一二歳児一七パーセント、一六歳児二〇パーセント、母親一〇パーセント）。

●栄養、睡眠、心配、寒さ、不道徳な行為

西洋近代医学がこれだけ浸透している現代日本でも、ウィルスや細菌との接触以外の要因を風邪の原因だとする考え方は広く浸透している。筆者（Toyama, 2019, Study 2）は、日本の幼児（六歳）、二年生（九歳）、五年生（一一歳）、大人（大学生）を対象として、感染、栄養、睡眠、心配、寒さ、不道徳な行為が原因となって風邪をひくか、判断を求めた。具体的には「風邪をひいた友達がジュースを飲んだコップをそのまま洗わずに、そのコップでジュースを飲んだ」（感染）、「好き嫌いが多くて、おやつは食べるけど、ほとんど野菜を食べない」（栄養）、「いつも夜遅くまで起きていて、少ししか寝ない」（睡眠）、「心配なことがたくさんあって、いつでも困ったなあ困ったなあと思っている」（心配）、「外は寒かったのにコートを着ないで出かけたので、身体がとても冷たくなった」（寒さ）、「よく嘘をついて友達に意地悪をする」（不道徳な行為）、そして統制課題

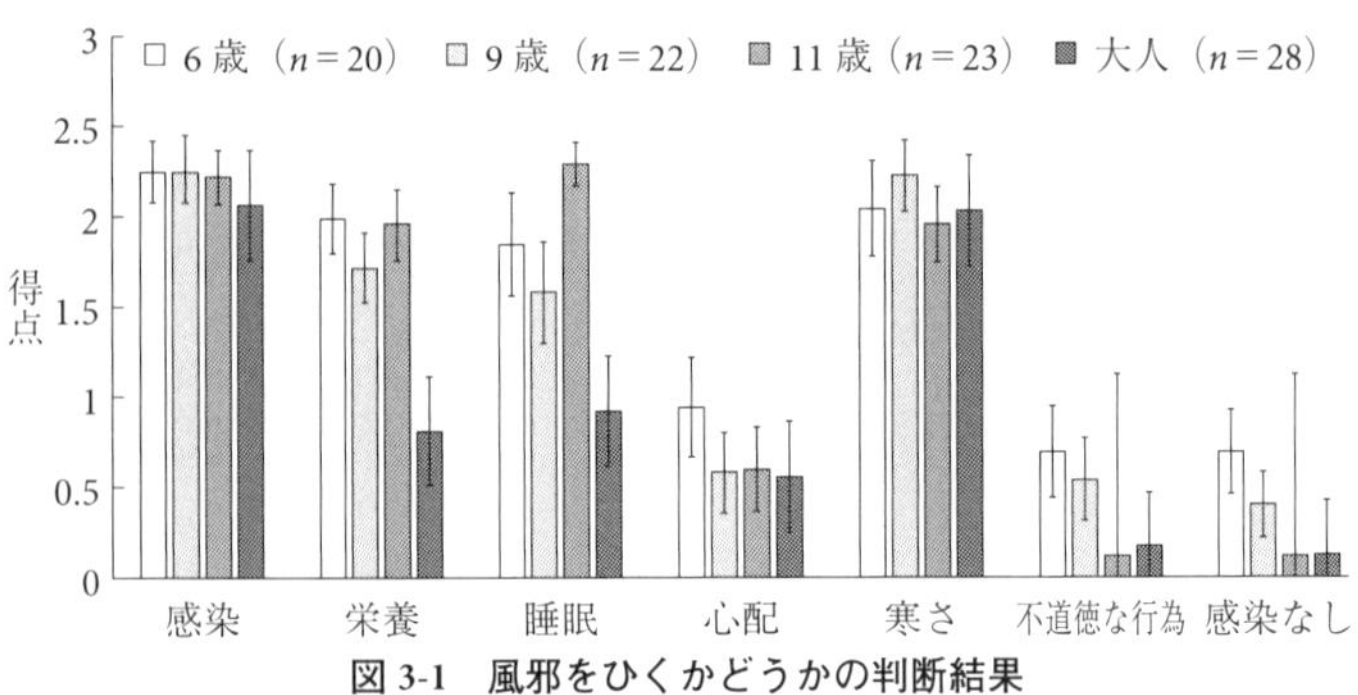

図 3-1　風邪をひくかどうかの判断結果

（出典）　Toyama（2019）より作成。

として「友達がジュースを飲んだコップをそのまま洗わずに、そのコップでジュースを飲んだが、その友達は風邪をひいていなかった」（感染なし）といった場合に、これらのことが原因で風邪をひくかどうか、「風邪をひかないと思う」（〇点）から「絶対に風邪をひくと思う」（三点）までの四件法で答えてもらった。

その結果を図3－1に示した。高い得点は、風邪をひくと確信していることを意味している。まず、心配や不道徳な行為についてはどの年齢でも得点が低いことがわかる。子どもも大人も、「心配な気持ちが原因で風邪をひく」とか、「嘘や意地悪が原因で風邪をひく」とは思っていないようだ。次章で取り上げるように、心配や緊張といった心的状態は腹痛や頭痛といった身体反応を引き起こす場合もあるが、風邪を引き起こすとはあまり考えられていない。一方、栄養と睡眠については、幼児から小学生までは得点が高かったが、大人になると低くなった。大人は食べ物の好き嫌いや睡眠不足が直接の原因となって風邪をひくという考え方を、子どもほどには支持していない。

目をひく結果は、感染と寒さの得点がどの年齢グループでも一貫して高いことだ。感染の得点の高さはウィルスや細菌との接触が風邪の原因になるという西洋近代医学の考え方（細菌説）が幼児にも浸透していることを示している。その一方で、西洋近代医学の枠組みでは誤概念とされる寒さ原因説も、細菌説と同程度に強く、幼児から大人まで万遍なく支持されている。西洋では正しいとされる細菌説と誤概念とされる寒さ原因説は、年齢にかかわらず共存しているのである。

日本で認められた発達的変化は、先に報告した変化、すなわち年齢が上がるとともに寒さ原因説よりウィルスや細菌との接触が優勢になるという変化と矛盾しているように見える。これには、研究方法の違いが関係しているだろう。「主要な原因は何か」と一つだけ答えてもらう場合と違って、筆者の研究（Toyama, 2019）では個々の要因について原因となりうるか判断を求めたため、複数の考え方について肯定的態度を示すことができた。その結果、ともに得点が高くなったと考えられる。

3　大人の内在的正義

●子どもと大人

先に示した図3－1で「あれ？」と思われた方もいるかもしれない。「嘘や意地悪が原因で風邪をひく」(不道徳な行為)という考え方、つまり内在的正義は大人になってもゼロにはならなかった。この研究で対象とした大人は二八名だったが、そのうち五名(つまり二割弱)は、低い得点(一点ないし二点)だったとはいえ肯定の意を示した。筆者の研究(Toyama, 2019, Study 1)では、「友達によく嘘をつき意地悪をする」人物Aと「友達にいつもやさしい」人物Bを示し、どちらの方が水疱瘡、風邪、腹痛にかかりやすいか、日本の二〇代、四〇代、六〇代の大人に判断を求めたが、ここでもやはり一定程度の人が内在的正義を肯定した。「どちらも同じくらい」という選択肢があったにもかかわらず、二〇代では二五パーセント(八〇名中二〇名)、四〇代では三〇パーセント(八〇名中二四名)、六〇代では二六パーセント(八〇名中二一名)が一度以上、意地悪な人物Aを選んだのである。

大人が内在的正義を肯定する、状況によっては子ども以上に内在的正義を支持するという研究結果が、近年、複数の研究で示されている。アメリカの六年生と大人(大学生)を対象として、次のような課題を提示した研究がある(Raman & Winer, 2004)。

ピーターとマークは、原因不明で、とても深刻な、死に至る病にかかった人について話をしています。病にかかったその人はこれまで、とても健康的な生活を送ってきました。どうしてそんな病気にかかったのか、とくに思い当たる理由はありません。ピーターが言いました。「悪い人にも善い人にも、同じように悪いことは起こるものだよね。でもね、僕は思うんだ。悪いことは、やっぱり悪い人に起こりやすいと思うんだよ。この人は善い人ではなかったんだよ。この人はきっと他の人をだましたり、嘘をついたり、親切な人からお金をだましとったりしたんだと思うよ。悪い人も善い人も同じように、こういう病気にかかるものだよね。でもね、深刻な病気はやっぱり悪い人の方がかかりやすいと思うんだ。因果応報ってやつだよ」。次にマークが言いました。「僕はそんなふうには思わないよ。悪い人も善い人も、同じように深刻な病気にかかると思うんだ。因果応報だって？　そんなことはないと思うよ」。

さて、あなたはピーターの考え方に賛成するだろうか。それともマークに賛成するだろうか。この研究の対象者はピーターとマークのどちらを支持するか判断し、その理由についても説明するよう求められた。内在的正義を否定した（マークを支持した）者は六年生では八〇パーセント（一五二名中一二二名）だったが、大人では五八パーセント（一二八名中七四名）にとどまった。意外と思われるかもしれないが、小学生の方が大人より内在的正義を否定したのである。つまり、未熟な考え方とされる内在的正義への肯定は、年齢が上がるほど強くなったのである。

●U字型曲線

大人ほど、西洋近代医学では誤りとされる考え方に肯定的態度を示す現象は、内在的正義に限らず認められている。南アフリカで行われた研究を紹介しよう。

レガールとゲルマン（Legare & Gelman, 2008）は、西洋近代医療と伝統医療が併存しており、エイズに罹患することが珍しくない社会で、五歳児、七歳児、一一歳児、一五歳児、大人（二九〜五一歳）という幅広い年齢層を対象として、エイズとインフルエンザの理解を検討した。エイズとインフルエンザについて、医学的に正しい説明である血液（患者が使ったカミソリを使った）と感染（患者と遊んだ）、正しいとはいえない説明である内在的正義（お母さんに嘘をついた）と呪術（嫉妬した隣人に呪いをかけられた）を提示し、それぞれがエイズとインフルエンザの原因になるか判断を求めた。

結果を図3－2に示した。血液、感染、内在的正義、呪術についてそれぞれ四つの課題があり、肯定した場合には一点を与えたため、得点範囲は〇〜四点である。得点が高いほど、それぞれの考え方を肯定したことを意味している。エイズでは血液、インフルエンザでは感染の得点がどの年齢グループでも高い。西洋近代医学の考え方は南アフリカの伝統社会でも、幅広い年齢層に浸透していたことがわかる。

この研究では大人は内在的正義をまったく肯定しなかったが、その代わりに呪術の肯定がエイズについてもインフルエンザについても、どの年齢グループよりも高かった。呪術の得点をたどってみると、七歳から一五歳までは減少傾向にあり、大人になって増加していることがわかる。つまりU字型曲線を描いて変化したのである。発達研究では物理領域の誤概念など、他にもU字型曲線が見られることがある。これは学校教育を受けている期間は抑制されている考え方が学校

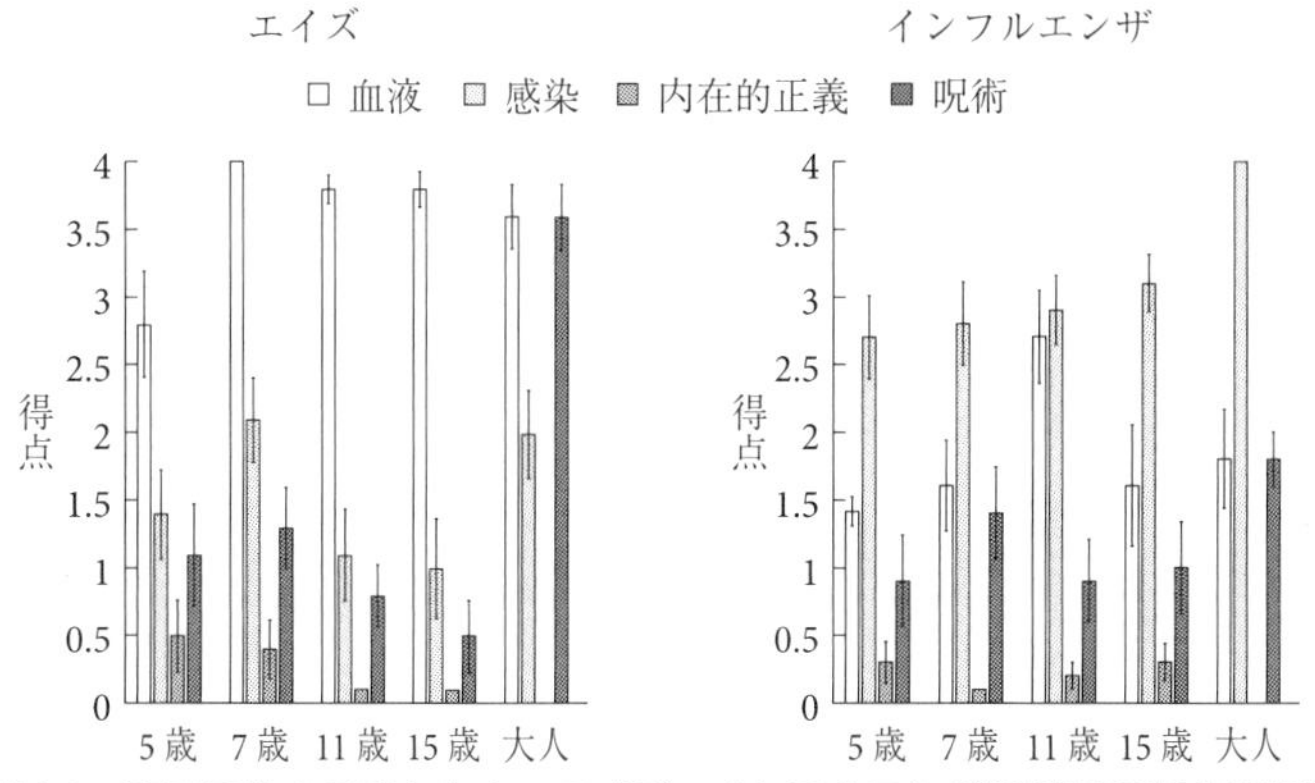

図3-2　南アフリカで行われた，エイズ，インフルエンザの原因に関する実験結果

（出典）Legare & Gelman（2008）より作成。

教育の場を離れると、再び勢いをもつようになることを意味している。医学的に正しいとはいえない考え方は公的教育でも〝修正しきれない〟のである。それは同時に、そのような考え方がヒトにとって合点のいくものであり、科学的に正しくないことはわかっていても、どうしてもそのように考えてしまう〝癖〟あるいは〝傾向〟のようなものであることを示唆している。

学校教育の効果が限定的であることは、学校教育を受けた期間の長さと呪術の肯定に関連が認められなかったという結果からも示される。レガールらの研究で調査対象地域となった南アフリカの社会では、学校教育を受けた期間は人によってまちまちで、日本のようにほぼすべての人が九年間の義務教育と三年間の高校教育を受けるわけではなかった。そこで大人について、学校教育を受けた期間の長さと判断の関連性を検討したところ、学校教育を長く受けた人ほど血液や感染を肯定し、呪術を否定したわけではなかった。学校教育を受けること＝西洋近代的な考え方を身につけることではなかったのである。

4　努力は報われる

●努力と痛み

内在的正義は公正世界信念、すなわち「人は皆、それぞれに見合った賞罰を受けるものだ」という考え方に関連する因果律だが、この信念は病気治療の捉え方にも反映される。スポーツの世界では「努力は裏切らない」とか、「努力は必ず報われる」といった言葉をよく聞くが、これと同じように、治療についても努力やつらい痛みの経験は必ず報われると信じられているようなのだ。

治療に要する努力や痛みと治療効果の関連性に関する理解を検討した研究を紹介したい。ロックハートとカイル（Lockhart & Keil, 2018）は、アメリカの五～七歳児と大人に次のような課題を提示した。

エマとクリスティーナは同じ病気にかかり、とても具合がよくありません。二人は同じくらい具合がよくないのです。どちらか一人がもう一人より具合がよい、ということではありません。二人とも長い間、病気にかかっており、その病気はとても悪いものでした。エマとクリスティーナは、それぞれお医者さんに診てもらいました。エマのお医者さんは、その病気を治すためにプラナクシスという薬を出しました。その薬はクリームで、エマはその薬を身体に塗らなければならないのですが、それを塗ると刺すようなヒリヒリとした痛みがありました。エマはこの薬を二週間、毎日塗りました。クリスティーナもまた、お医者さんに診てもらいました。クリスティーナのお医者さんはその病気を治すためにエプジカという薬を出しました。その薬もクリームでしたが、それを塗ってもまったく痛みはありませんでした。薬を塗る前も後も、痛みはまったく変わりませんでした。クリスティーナもこの薬を二週間、毎日塗りました。さて、二週間が経ちました。エマとクリスティーナのうち、どちらか一人はすっかり病気がよくなりました。もう一人は、少しはよくなりましたが、完全によくなるにはまだまだ時間がかかりそうです。では、すっかり病気がよくなったのはエマでしょうか。それともクリスティーナでしょうか。

とても痛くてつらい治療を受けた登場人物と、まったく苦痛を伴わない治療を受けた登場人物のどちらがより早く快復するか、考えてもらうという課題である。二人の病気は同程度に深刻であり、二人が受けた治療は痛みを除けば、医者から処方されたという点でも、治療を受けた期間という点でも同じ、という課題構成になっている。痛みに関する課題では、いま例として挙げた

「ヒリヒリするクリーム 対 痛みのないクリーム」と「とてもまずくて臭いのする飲み薬 対 無味無臭の飲み薬」「とても痛い注射 対 痛みのない注射」の三課題があった。

痛み課題の他に、三つの努力課題もあった。これは痛みではなく努力の程度が異なる治療について、その効果を聞いたものである。一人は患者本人の努力が必要な治療を受け、もう一人は努力のいらない治療を受ける。「時間をかけて身体に塗り込まなければならないクリーム 対 スプレー式になっており、サッとスプレーすればよいクリーム」「服用前後の数時間、何も食べられない薬 対 飲食に関する制約がまったくない薬」「吸引後、しばらく息を止めていなければならない吸引薬 対 吸引後、すぐに息ができる吸引薬」だった。あなたならどう判断するだろうか。

大人は痛みのない治療より痛みが強い治療を、努力無用の治療より努力を要する治療をより効果的と判断する傾向にあった。なぜそう考えたのか、理由説明を求めると、「自分の経験からいって、そう思う」という他に、「よく塗り込むと身体に吸収されやすいから」など科学的にもっともらしい理由を挙げる者もいた。一方、五～七歳児については大人とは異なる結果が示された。痛みのない治療、努力無用の治療をより効果的と判断する傾向が認められたのである。とくに痛みについては、この傾向が強かった。

大人は治療に伴う痛みや努力とその効果を、トレードオフの関係として捉えているのである。早い快復を達成するためには、痛みを我慢することや努力することは仕方のないこと、逆にいえば、我慢も辛抱もせず早く治ろうなどとは虫が良すぎると考えるのである。一方、幼児は一つの治療が痛みという弊害と同時に早い快復という恩恵をもたらすこと、つまり善悪両面を併せもつことに理解が及ばない。幼児が副作用についてほとんど理解していないこと（Lockhart & Keil, 2018）も、同じ理由によるだろう。

外山（Toyama, 2020）では、同様の発達的変化を日本の子どもについても確認している。幼児（五〜六歳）、二年生、五年生、大人について同様の課題を実施したところ、日本の幼児も痛みのない、努力する必要のない治療を早く治ると判断する傾向にあった。ただしアメリカに比べると日本の方が、努力が必要な治療を効果的と見る傾向が強かった。これは日本が努力に価値をおく社会であること（Stevenson & Lee, 1990）が関係していると考えられる。

●自分の努力と他者の努力

いくら努力が重要だといっても、そこで求められているのは本人が努力することである。スポーツの世界で「努力は必ず報われる」という場合、アスリート本人が絶え間なく練習に打ち込むからこそ「報われる」のであって、アスリートの指導者やトレーナーが懸命に努力したことが報われて、よい成績を残すことができた、とはならない。

これと同じように日本の大人は、患者本人が努力して治療することこそが早い快復につながると考えるようだ。患者ではなくその母親が努力した場合には、逆に早い快復を阻害すると見る傾向にあるのである。外山（Toyama, 2020）は、ロックハートとカイル（Lockhart & Keil, 2018）の研究で使われた「努力を要する治療と要さない治療のどちらが病気を早く治すか」判断を求めた課題を、患者本人ではなく患者の母親が努力するという課題に変更した。「クリームを身体に塗り込む」のも、「飲み薬を二時間かけて煎じる」のも、「吸引薬を吸引する間、薬を高く持ち続ける」のも患者本人ではなく患者の母親という設定で、母親が「クリームをサッとスプレーした」場合、「もうできあがっている飲み薬をコップに入れた」場合、「吸引薬をサッと噴霧させた」場合に比べて、どちらが早く治るか判断を求めたのである。

幼児と二年生、五年生については、患者本人が努力する場合と結果に相違がなかった。しかし、大人については逆の結果が示された。患者本人が努力する場合には努力を要する治療の方が効果的と判断した大人も、患者の母親が努力する場合には快復が遅くなると判断する傾向にあったのである。理由を説明してもらったところ、「自分で頑張ってこそ、報われるというもの」「母親にやってもらっているような人は、逆に罰があたって治らない」など、公正世界信念に沿った説明が少なからず示された。

●答えのない問い

西洋近代医学はここ二〇〇年くらいの間に世界各地に広まり、いまでは世界の多くの人々が病気の原因や発症、治療、快復のプロセスについて、ある程度の科学的理解を有するようになった。その一方で、本章で見てきたように病気の原因や治療を罰や報いと見る考え方は文化や社会、年齢を問わず広く認められている。

医療人類学者のフォスター（G. M. Foster）は、世界のさまざまな医療を理解するためにはパーソナリスティックな病因論とナチュラリスティックな病因論に分ける必要があると述べている（Foster & Anderson, 1978/1987）。パーソナリスティックな病因論では病気の原因は人格に求められ、ナチュラリスティックな病因論では自然の要素に求められる。内在的正義や公正世界信念のように、病気の原因を人の悪行や呪術、さらには神や精霊の仕業と説明する考え方は前者に含まれ、一方、身体を構成する体液や要素に原因を帰属させる考え方は後者に含まれる。西洋近代医学はもちろん、後者の系譜を受け継ぐものである。

西洋近代医療が広く行きわたった現代でもパーソナリスティックな病因論が遍く認められるのは、ナチュラリスティックな病因論が「どのようにして病気になるか」を説明しても、「なぜ病気になったのか」を説明しないからだろう（奥野・山崎，二〇〇七）。深刻な病気が見つかったときに私たちが真に知りたいと思う問いは「なぜこの私が、他の誰でもないこの私が、なぜこのタイミングで、この病気にかかってしまったのか」であり、それに対する答えはナチュラリスティックな病因論の中には用意されていない。「なぜ？」「どうして？」と何度も繰り返し問われ続ける疑問に、科学は答えを示すことができないのである。一方、パーソナリスティックな病因論は、それに対する「答え」を示唆してくれる。ヒトが古来、病気の原因を不道徳な行いに帰属させてきたこと、内在的正義が現代でも、しかも工業国の大人の間でも広く認められるという結果は、

「なぜこの私が」という問いがどれだけ切実なものであったか（あるか）を示している。筆者の研究（Toyama, 2020）では、病気が深刻だと告げると公正世界信念に沿った説明が多くなり、深刻でないと告げると科学的な説明が多くなるという結果を認めているが、これもまた深刻な問いの前に科学が無力であることを示すものである。

医療者の勘や経験ではなく、臨床試験データなど科学的な方法で収集されたデータに基づく医療をエビデンス・ベイスト・メディスン（EBM：Evidence Based Medicine）という。私たちにもなじみのある現代の科学的医療である。これに対して、近年、ナラティブ・ベイスト・メディスン（NBM：Narrative Based Medicine）と呼ばれる医療が注目されている。これは、病気を患者の人生という大きな物語の中で展開する一つのナラティブ（物語あるいは語り）と見なし（Kleinman, 1988/1996）、患者を物語る主体として見る医療である（斎藤、二〇一二）。内在的正義や公正世界信念といった素朴な信念に依拠したナラティブを排除しない医療といえるかもしれない。本章冒頭の谷川さんのいう「カラダだけではなく、ココロを含めた患者の人間そのものを見てくれて、死を話題するのを恐れない医者」とは、このような医療を実践する医療者を指すのだろう。

第4章　心と身体

頭痛で寝ている母の横に来て、
「僕と手をつなぐと元気になるよ」（一〇歳）
（朝日新聞出版『あのね――子どものつぶやき』
六一ページ）

がっかりしたり悲しかったりすると、身体もいまひとつ調子が出ない気がする。逆に、身体はいまひとつでも、楽しいことや嬉しいことがあると調子の悪さも吹き飛ぶ気がする。心が身体に影響を与えること、逆に身体が心に影響を与えることを、私たちは経験的に知っている。しかし、そもそも心は身体に、身体は心にどのようにして影響を与えるのだろうか。心と身体の関係に関する問いは、哲学では心身問題（mind-body problem）といわれ、はるか昔から多くの議論が重ねられてきた。この章では、心と身体の関係に関する理解を取り上げるが、まずは心身問題がどのようなものかを見ていこう。

1 心身問題

●心身二元論

古代ギリシャの哲学者プラトン（Plato）は「霊肉二元論」において、精神（魂）と身体を別のものとした（プラトン、一九九八）。身体は魂を閉じ込める牢獄であり、死によって魂は牢獄から解放されると説いたのである。

心身問題の大きな契機となったのは、一七世紀の哲学者であるデカルト（R. Descartes）の「心身二元論」（あるいは物心二元論）である。デカルトによれば、身体は延長、すなわち空間的広がりをもった物質として存在する一方、思考（思惟）を本質とする心には物質的実体はない（デカルト、一九九七）。心は物質である身体からはまったく区別されるもの、互いに還元できない異質なものとしたのである。デカルトは心と身体を別のカテゴリーとしただけでなく、「我思う、故に我あり」に象徴されるように、思考（思惟）にこそ人間の本質があるとして、心を身体の上位に置いた。ここにおいて身体は精巧に作られた機械であり、したがって、心をもたない動物はたんなる機械とされた（動物機械論）。

日本でデカルトの心身二元論が注目を浴びた出来事の一つに、脳死および臓器移植をめぐる議論がある。臓器移植法は一九九七年に施行されたが、「臨時脳死及び臓器移植調査会」（通称、脳死臨調）の委員であった梅原猛は、デカルト哲学を参照しながら西洋と日本における死の捉え方の違いを指摘し、脳死に反対の立場をとった。前述のように、デカルトにおいて身体は物質であり、数学的・物理学的法則に従って動く機械である。梅原（一九九二）によれば、西洋近代医学は人間の身体を機械と見ることから出発しており、人間の間で臓器の入れ替えを行う移植外科学はデカルトに端を発する近代医学の必然的な結果である。デカルト哲学では動物は機械と見なされるが、ここには生命という概念が欠如している。しかし日本では古来「一切の生きとし生けるものに共通の霊があり、霊によってすべての生きとし生けるものは生命を得る」（梅原、一九九二、二二七ページ）という考え方がある。この生命観は西洋近代医学の身体観とは相容れないと指摘したのである。

●心身一如

能楽師である安田登も、日本の身体観が西洋のそれと質的に異なることを古典の分析を通して指摘している（安田、二〇一四）。安田によれば、西洋では紀元前八世紀頃の作品といわれるホメーロス（Homer）の『イーリアス』においてすでに、心と身体を別のものとする記述がある一方、日本では古くは「からだ」という言葉がなかったのだという。あったのは「み（身）」であり、これは身体と心（魂）の統一体を指していた。時代が新しくなるにつれ心と身体は分かれていったが、江戸時代初期までの「からだ」は魂の抜けた殻、つまり死体を意味していた。明治期に西洋文化が入ってきたことで「身」が「心」と「身体」に分かれ、身体はモノとして扱われるようになったというのである。

西洋近代医学とは一線を画し、東洋では伝統的に心身不分離の考え方がある。日本の心療内科医の草分け的存在である池見西次郎も、心と身体の捉え方に関する西洋と東洋の相違を指摘している（池見、一九五〇）。池見によれば、西洋（アメリカ）では臨床医学が細かく専門化しており、医者は「あたかも自動車のパーツを修理するように患者の治療にあたる傾向が強くなってくる。しかし自動車とはちがって、血の通った人間のばあいは、そのパーツたる身体諸器官は、一個の人間の全体から切っても切り離せないつながりをもったパーツであることを忘れてはならない。」（五二ページ）とし、「この心身医学的な考えは、東洋医学の中には古くからあったもの」（五二ページ）だと指摘したのである。そして心と身体の深いつながりを「心身一如」という言葉で表現した。

このように、哲学・心身医学などさまざまな分野において、西洋と東洋の違いがこれまでに議論されてきたわけだが、私たちは心と身体の関係をどのように捉えているのだろうか。ここに文化差はあるのだろうか。心と身体の関係には心的要因が身体状態に影響を与えるもの、身体要因が心的状態に影響を与えるもの、さらには心的要因と身体要因の組み合わせが心的・身体状態に影響を与えるものが含まれる。「心配なことがあってお腹が痛くなった」は心から身体への影響、「薬物摂取により気分が高揚した」は身体から心への影響である。これらのうち、本章では心から身体への影響に関する理解を取り上げる。まずは発達的変化を見てみよう。

2　子どもはデカルト的

●ピアジェの実在論

発生的認識論の提唱者であるピアジェは前操作段階、すなわち幼児期の特徴の一つに「実在論」（realism）を挙げた（Piaget, 1929）。心身二元論では世界を物質的基礎のない心の世界と、身体のように物理的に存在する事物世界に分けるが、ピアジェは臨床的面接法と呼ばれるインタビューの中で、幼児が夢や思考を客観的に存在するものとして語ることを指摘し、幼児は両者を区別していない、つまり心の世界にあるものは実在すると考えているとしたのである。

しかしこの主張は、現在では否定されている。アメリカの三〜五歳児を対象とした研究では（Wellman & Estes, 1986）、「実際にクッキーを手にしている子」と、「実物のクッキーはもっていないが、クッキーを心に思い描いている（考えたり、思い出したりする）子」を提示し、そのどちらが、あるいは二人ともがクッキーを「見ることができるのか」「触ることができるのか」「食べることができるのか」「友達に見せることができるのか」「明日食べるために残しておくことができるのか」判断を求めた。もし幼児が心的創造物も実在すると考えているのなら、「実際にクッキーを手にしている子」も、「クッキーについて考えたり思い出したりしている子」も、クッキーを見たり触ったり、食べたりできると答えるはずである。しかし、実験結果はこれを支持しなかった。「実際にクッキーを手にしている子」はクッキーを見たり触ったり、食べたりできるが、「クッキーについて考えている子」はそうできないという反応が、三歳児では七二パーセント、四歳児では八六パーセント、五歳児では九二パーセントに上ったのである。

●心因性の身体反応

心と身体は実在性という点では異質だが、私たちは両者が影響を及ぼし合うことを経験的に知っている。たとえば、大きな不安や心配があると頭やお腹が痛くなったりする、つまり心的状態が引き金となって身体反応が生じることを、程度の差こそあれ、多くの人が経験しているだろう。では、子どもはこのことに気づいているのだろうか。ピアジェが主張したように、幼児は心の世界と事物世界を明瞭に区別していないのだとすれば、幼児の方が大人より心から身体への影響を大きく見積もるはずである。

アメリカの四歳児、五歳児、二年生、五年生、大人（大学生）を対象として、心因性の身体反応に関する理解を検討した研究がある（Notaro et al., 2001）。この研究では、「緊張した」「心配なことがあった」といった心的状態が「吐いた」「お腹が痛くなった」といった身体反応を引き起こ

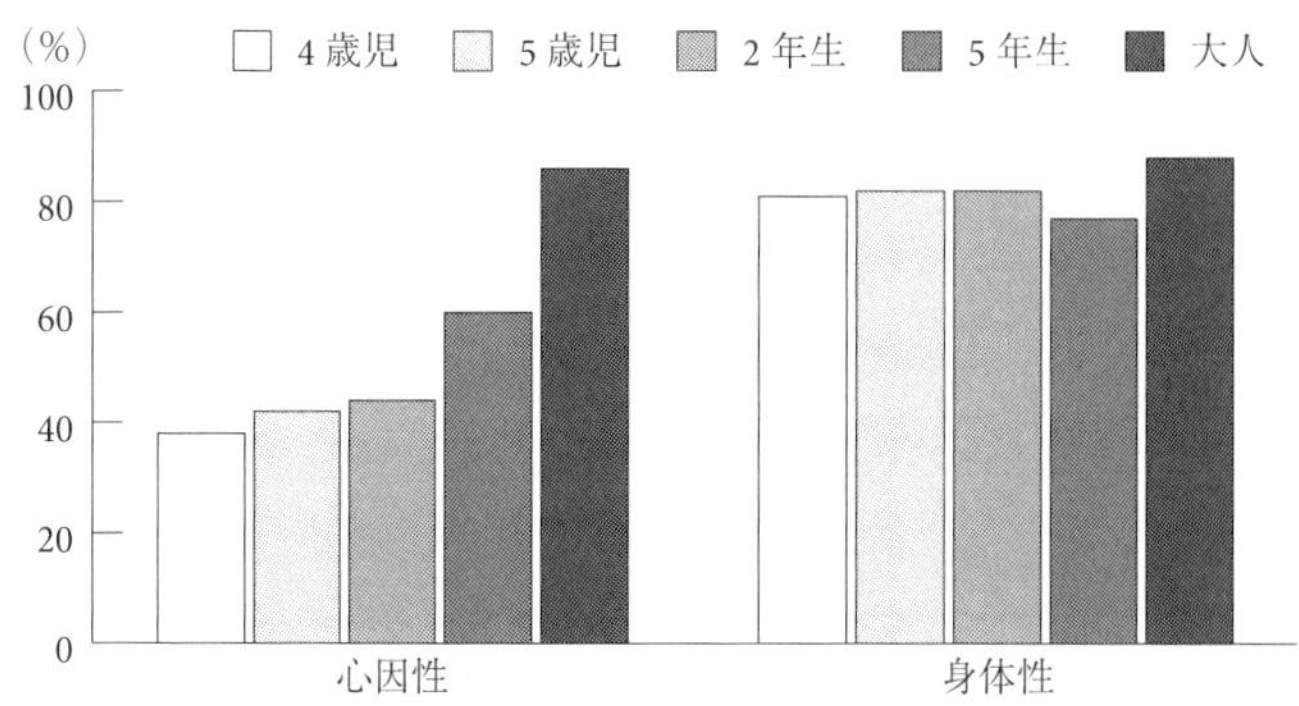

図 4-1　アメリカにおける心因性，身体性の身体反応に関する理解の実験結果

（出典）　Notaro et al.（2001）の結果の一部より作成。

すかどうか、判断を求めた。たとえば、「ジェイクは心配なことがあったの。じゃあね、心配なことがあったからお腹が痛くなることってあるのかな？」などと聞いたのである。心因性の身体反応に気づいていれば、「あるよ」と答えるはずである。この研究では心因性の身体反応の他に、身体性の身体反応についても判断を求めた。身体性の身体反応には、「食べ過ぎて吐いた」や「腐ったリンゴを食べてお腹が痛くなった」などが含まれていた。

図4－1に、心因性、身体性の身体反応を「ありうる」と判断した対象者の割合を示した。心因性の身体反応については、四歳児では三八パーセント、五歳児では四二パーセント、二年生では四四パーセントと、ほぼチャンスレベルにとどまったが、児童期半ばを過ぎると増加し、五年生では六〇パーセント、大人では八六パーセントに上った。一方、身体性の身体反応については年齢差がなく、どの年齢でも「ありうる」という判断が約八

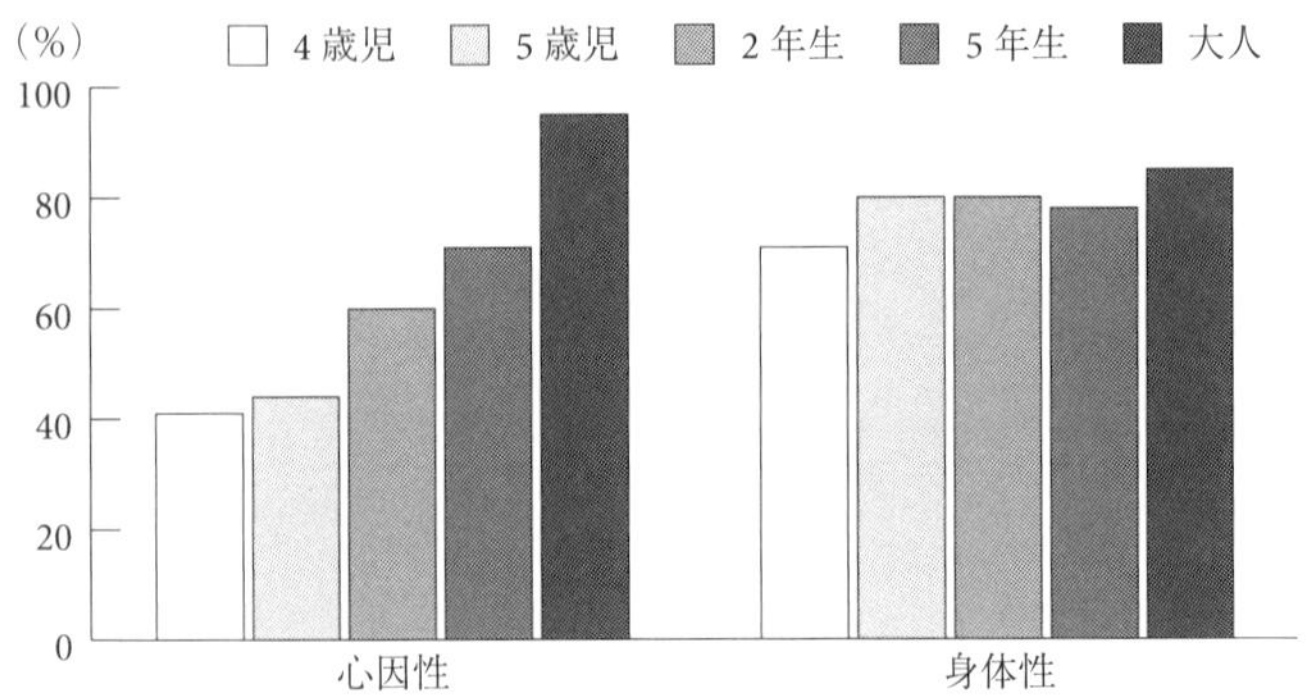

図 4-2　日本における心因性，身体性の身体反応に関する実験結果

（出典）　Toyama（2010）の結果の一部より作成。

〇パーセントを占めた。幼児は「腐ったリンゴを食べる」と「お腹が痛くなる」という因果関係には気づいているが、「心配」が「お腹が痛くなる」ことの原因になりうることには気づいていなかったのである。

筆者は同じ課題を日本の子どもに実施した（Toyama, 2010）。結果を、図4－2に示した。心因性の身体反応についても身体性の身体反応についても、アメリカと同じ傾向が見て取れる。すなわち、児童期半ば頃までは心因性の身体反応を認めにくいが、身体性の身体反応については、幼児から大人まで年齢にかかわりなく「ありうる」とする判断が多かった。アメリカの結果と日本の結果を各年齢グループについて比較したところ、幼児についてては文化差が認められなかったものの、二年生と大人については日本の方が心因性の身体反応を認めやすかった（二年生では四四パーセント対六〇パーセント、大人では八六パーセント対九五パーセント）。文化差については、本章の第4節であらためて取り上げる。

先に述べたように、ピアジェは幼児が心の世界と身体が属する事物世界を明瞭に区別していないとした。心と身体を分ける垣根が低いのならば、心から身体への影響を大きく見積もってもよいはずなのに、心因性の身体反応に関する理解を見る限り、そうではなかった。幼児は大人よりも心と身体を別のものとして見る、つまりデカルト的だったのである。

●身体不調の治療

幼児が心から身体への影響を認めにくいことは、身体不調の治療に関する理解を検討した研究でも示されている。この研究（Notaro et al., 2002）では、アメリカの四歳児、五歳児、二年生、大人（大学生）を対象として、心因性の身体不調（「心配でお腹が痛くなった」「不安なことがあって吐いた」など）と、身体性の身体不調（「腐ったリンゴを食べてお腹が痛くなった」「お菓子を食べ過ぎて吐いた」など）を提示し、それぞれの身体不調について二種類の治療が効果をもつか、判断を求めた。二種類の治療とは、身体治療（医者に行く、薬を飲む）と心理治療（外に遊びに行く、別のことを考える）である。

図4－3に、それぞれの不調に治療が「効果あり」と判断した対象者の割合を示した。身体性の身体不調については、どの年齢でも、医者や薬といった身体治療を効果的だとする判断が八〇パーセント以上を占めた。心理治療は大人でも三〇パーセント弱ではあったが、年齢が上がるほど「効果的」という判断が多くなった。一方、心因性の身体不調については年齢差が明瞭に示さ

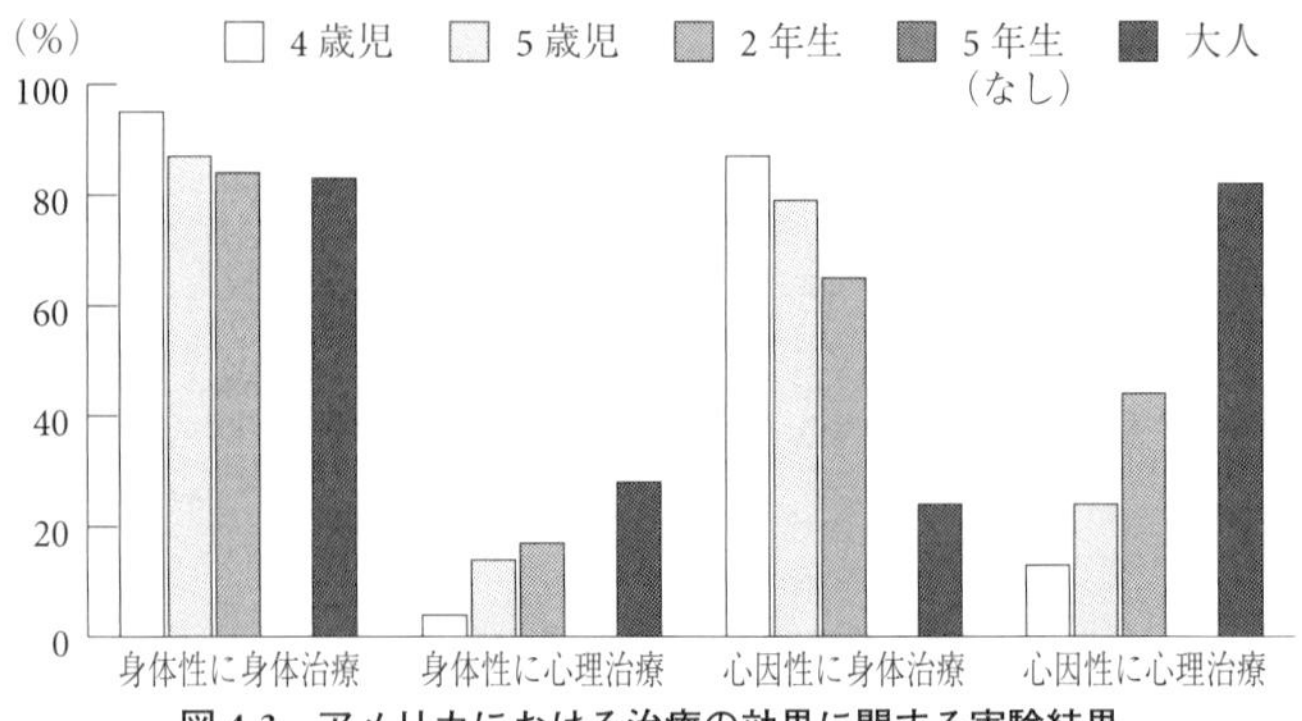

図 4-3　アメリカにおける治療の効果に関する実験結果

(注)　日本の結果(図 4-4)と比較しやすいように,参加者にはいなかった5年生を空白にしている。

(出典)　Notaro et al.(2002)の結果の一部より作成。

れた。幼児は、身体治療は効果的だが心理治療は効果をもたず、大人は逆に、身体治療は効果的でないが心理治療は効果をもつと判断する傾向にあったのである。幼児は身体不調の原因が身体性でも心因性でも、医者や薬といった身体治療を効果的と考え、大人は身体性の身体不調には身体治療、心因性の身体不調には心理治療が効果的と、原因に応じて治療効果の見積もりを変えたのである。つまり、幼児は「外に遊びに行く」や「別のことを考える」といった気晴らしをしても、心因性の身体不調が改善することはないと考えているようである。

筆者は日本の四歳児、五歳児、二年生、五年生、大人(大学生)について同様の課題を実施した(Toyama, 2011, Study 1)。その結果を図4－4に示した。アメリカと同様の発達的変化が確認できる。すなわち、幼児でも身体性の身体不調には身体治療が効果的と判断するが、心理治療も効果的という判断は年

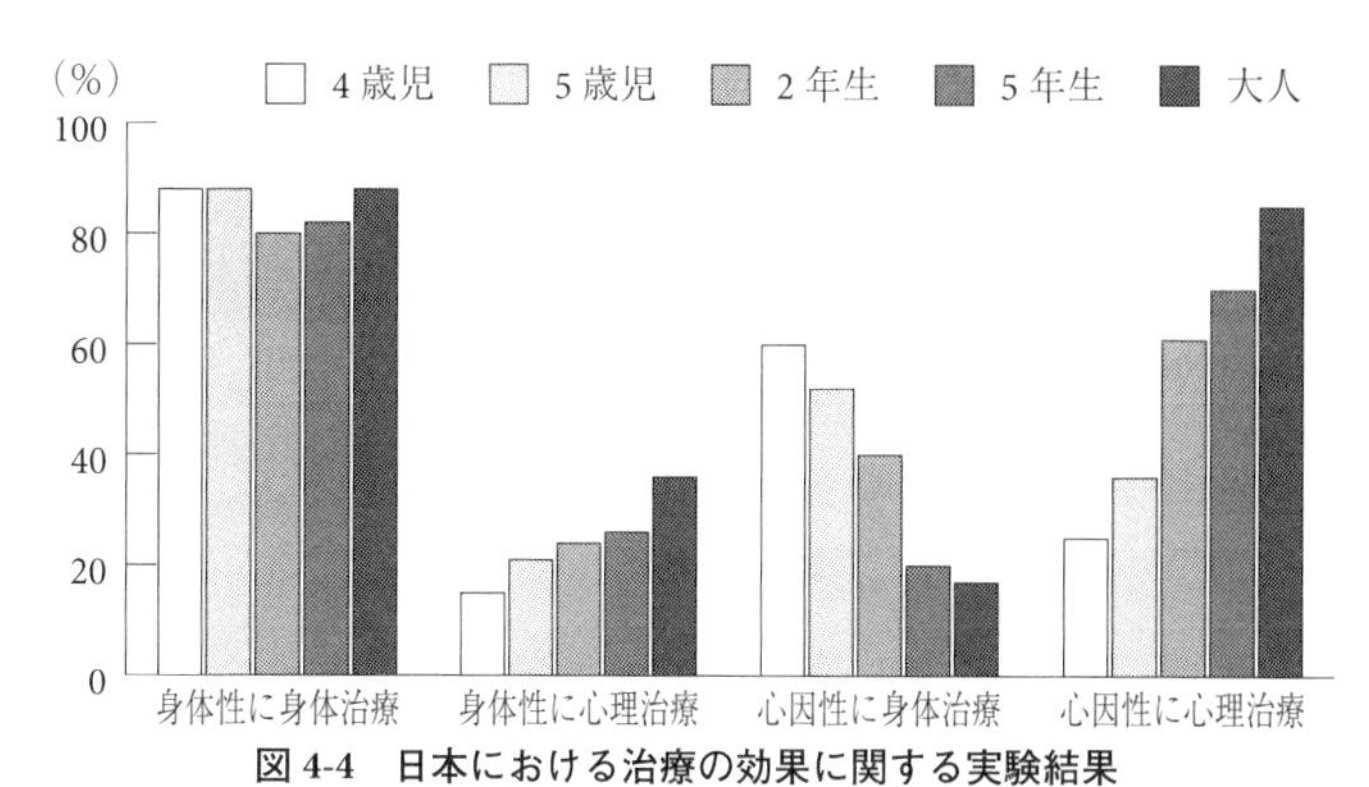

図 4-4　日本における治療の効果に関する実験結果

(出典) Toyama (2011) の結果の一部より作成。

齢が上がるほど増えていく（ただし、大人でも四五パーセント程度）。一方、心因性の身体不調には、大人は心理治療が効果的で身体治療は効果をもたないと考えているが、幼児は逆に身体治療が効果的で心理治療は効果をもたないと考えている。小学二年生、五年生はちょうどこの中間状態の反応を示している。

アメリカの研究では小学五年生を対象としなかったため、四歳児、五歳児、二年生、大人についてのみアメリカの結果と比較した。その結果、日本の四歳児、五歳児、二年生はアメリカの同年齢児より大人に近い判断をしていた。日本の子どもはアメリカの子どもより、心因性の身体不調に心理治療を効果的と判断しやすかったのである。逆に、アメリカの子どもは日本の子どもより、心因性の身体不調に身体治療を効果的と判断しやすかった。ただし、アメリカと日本の文化差は大人については認められなかった。

ここで紹介したアメリカと筆者の研究では、どちらもあらかじめ用意された身体治療（医者に行く、薬を飲む）と心理治療（遊びに行く、別のことを考える）について判断を求めた。しかし、次のような可能性はなかっただろうか。子どもも心因性の身体不調に心理治療が効果をもっと考えていたものの、ここで示された心理治療、すなわち「遊びに行く」と「別のことを考える」については効果がないと考えていた。もしこれが正しいとすれば、異なる治療について判断を求めれば、異なる結果が得られるかもしれない。

そこで筆者は、まず対象者自身が効果的と考える身体治療、心理治療について聞いてみた。「あなたがもし病気になったら、たとえば風邪をひいたりお腹が痛くなったりしたら、それを治すために何をしますか？」（身体治療）、「あなたがもし心配だったり、嫌な気持ちになったりしたら、それを治すために何をしますか？」（心理治療）と質問した。その結果、身体治療については「薬を飲む」の他に「休息をとる」や「栄養のあるものを食べる」が挙げられ、心理治療については「テレビを観る」「お母さんに話す」「外に遊びに行く」「おいしいものを食べる」「休む」などが挙げられた。興味深いことに、休息と摂食は身体治療としても心理治療としても挙げられることがあった。

次に、対象者自身が効果的と考える治療について、身体性、心因性の身体不調に効果をもつかどうか判断を求めた（ただし、五歳児と二年生についてのみ実施）。その結果、心因性の身体不調に心理治療が効果をもつとする判断は五歳児では五六パーセント（実験者が用意した治療だと三六パーセント）、二年生では六六パーセント（実験者が用意した場合は六一パーセント）になった。このような実験手続きをとっても一〇〇パーセントにならないのは、心因性の身体不調（たとえば、「心配でお腹が痛くなった」）に身体治療（たとえば、「薬を飲む」）が効果的といった答えも産出され、それは誤りではないからである。

以上のように、子ども自身が考える治療について聞けば、心因性の身体不調には心理治療が効果的とする判断が幼児の間でも若干多くなったものの、やはり大人ほどではなかった。これらのことから、幼児が心理治療の効果を認めにくいことは、ある程度確かな結果であるようだ。

3　生気論

●心と身体をつなぐ

ここまで、大人になるにつれて心から身体への影響を認めやすくなるという発達的変化を見てきた。これは、どのような考え方の変化によるのだろうか。心が身体に影響を及ぼすというとき、大人はそこにどのようなメカニズムを想定しているのだろうか。この点を検討するために、筆者は日本の四歳児、五歳児、小学二年生、五年生、大人（大学生）に対して心因性の身体不調（「不安なことがあって吐いた」「心配でお腹が痛くなった」など）と身体性の身体不調（「食べ過ぎて吐いた」「腐ったリンゴを食べてお腹が痛くなった」など）がなぜ生じるか、説明してもらった（Toyama, 2013）。具体的には、次のように質問した。

実験者：友だちのミイちゃん（パペットを見せながら）を紹介するね。ミイちゃんはとても知りたがり屋さんで、聞きたいことがたくさんあるの。ミイちゃんが質問したら、答えてあげてね。そしたら、ミイちゃんはとっても嬉しいと思うよ。

ミイちゃん（パペット）：昨日ね、とっても困ったことがあったの。「困ったなあ、困ったなあ」って、ずっと思っていたの。そしたらね、食べたものを吐いちゃったの。それでね、私のお母さんがこう言ったの。「ミイちゃんは困ったことがあってとても心配だったのね。心配だなあ、心配だなあって思っていると、それが原因で食べたものを吐いてしまうことがあるのよ」。

お母さんはこう言ったんだけど、私にはよくわからないの。すごく心配なことがあると、どうして食べたものを吐いちゃうんだろう。どうしてそうなるのか教えてくれる？

得られた説明には次のようなものがあった。

① 質問の繰り返し：理由説明にはなっていないが、質問を繰り返すもの。「心配なことがあると、どうして食べたものを吐いちゃうんだろう？」という質問に、「心配だなあって思っていると、食べたものを吐いちゃうからだよ」などと説明する。

②　メカニズム：原因と結果をつなぐメカニズムに言及した説明。身体性の身体不調ではバイキン（腐ったリンゴにはバイキンがついていて、そのバイキンがお腹を痛くした）や、身体構造（食べ過ぎると、食べ物が身体に入りきらなくなって吐いてしまう）、心因性の身体不調では心身相関（心と身体はつながっているから、心配なことがあると身体にも影響を与える）などがあった。

③　不随意性：意図的にコントロールできないという説明。たとえば、「心配なことがあると、勝手に身体の具合が悪くなって、自分ではどうにもならなくて吐いてしまうこともある」などと説明する。

④　生気論：「元気」や「気」「パワー」「エネルギー」など、生気論的概念である生命力（vital force）の生成や消失、循環によって原因から結果への影響を説明する反応。たとえば「腐った食べ物は身体から元気をとってしまう」とか、「心配なことがあると、身体にもパワーがまわらなくなる」などと説明する。

⑤　その他：①～④に含まれない説明。たとえば、「お母さんがそう言ってた」「前、そうだった」など。

図４－５に身体性の身体不調に関する結果を、図４－６に心因性の身体不調に関する結果を示した。身体性と心因性についてそれぞれ四つの課題があり、課題ごとに各説明が認められた場合に一点を与えたため、得点範囲は〇～四点であった。

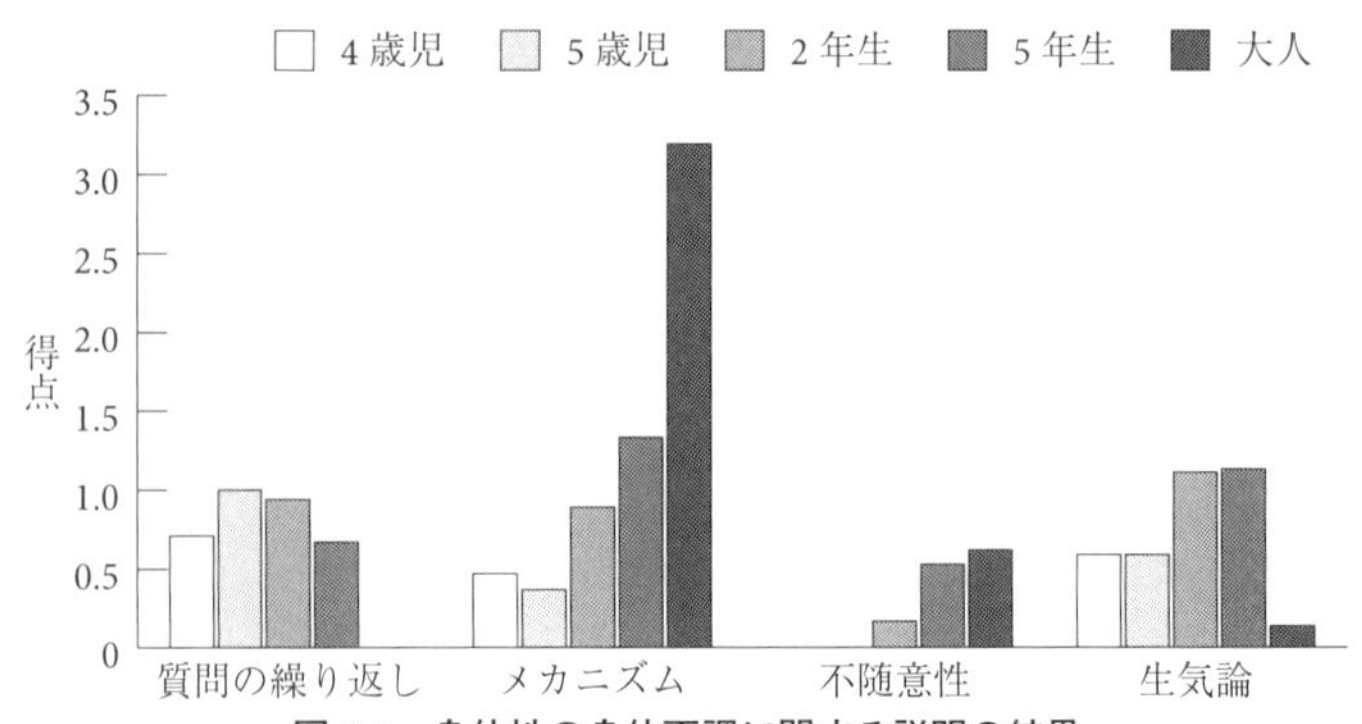

図 4-5　身体性の身体不調に関する説明の結果

（出典）　Toyama（2013），Table 1 より作成。

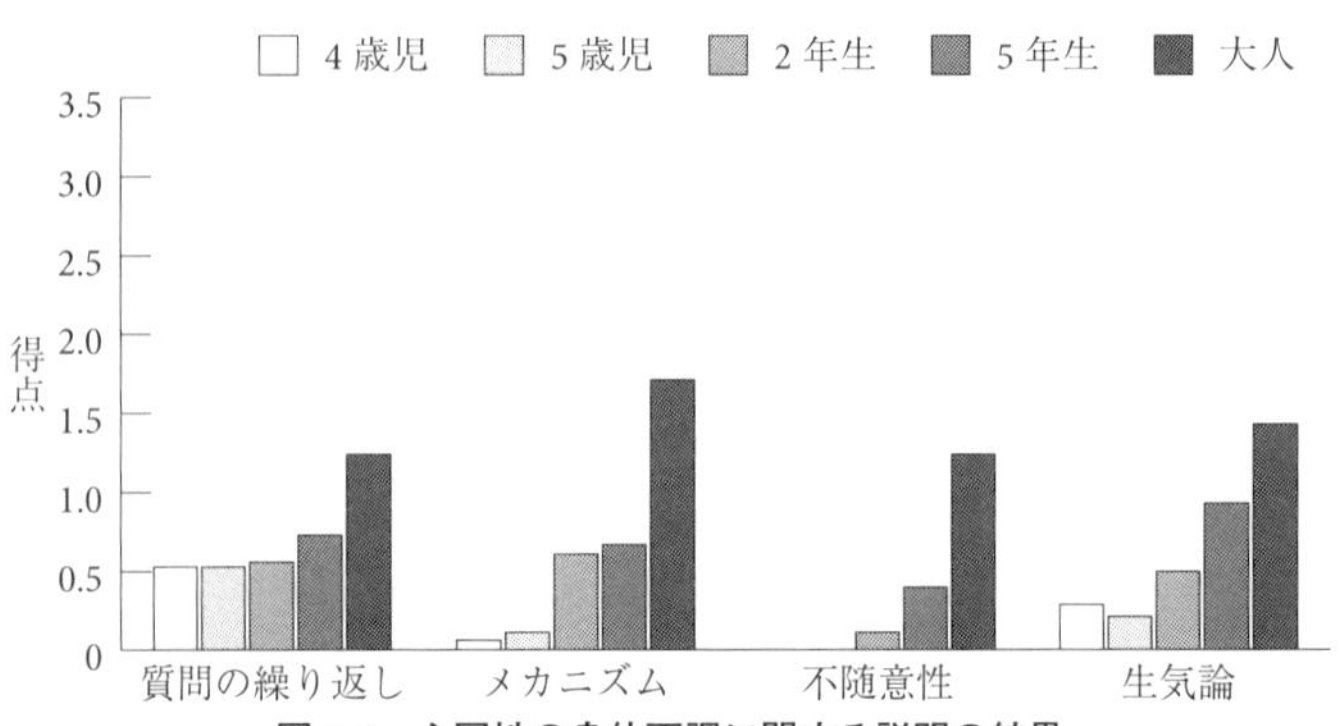

図 4-6　心因性の身体不調に関する説明の結果

（出典）　Toyama（2013），Table 1 より作成。

心因性の身体不調については、メカニズムだけでなく不随意性、生気論も、さらには質問の繰り返しも、年齢が上がるにつれて得点が高くなった。大人でも質問の繰り返しがある程度認められたことからわかるように、心因性の身体不調がなぜ生じるかを説明することは大人にとっても簡単ではないようだった。一方、身体性の身体不調については発達的変化が明瞭であった。大人になると、質問の繰り返しはまったく見られなくなり、メカニズム、すなわち細菌やウィルスとの接触や身体の内部構造などに言及した生物学的・科学的な説明が増えていったのである。

ここで注意したいのは、生気論的説明である。生気論の得点は、身体性の身体不調については幼児期から児童期まで徐々に高くなっていき（約〇・五〇点から約一・〇〇点へ）、しかし大人になると〇・一四点に低下した。ところが心因性の身体不調については、大人も含めて徐々に高くなった（約〇・二〇点から約二・五〇点へ）。この発達的変化は次のようにまとめられる。生気論は幼児期には身体性の課題において使われる（心因性についてはそもそも説明できない）。児童期になると、身体性に加えて心因性の身体不調を説明する際にも使われるようになる。大人になると、身体性の身体不調については生物学的・科学的説明が台頭するため使われなくなるが、心因性の身体不調については児童期以上に使われ続ける。この結果は、加齢に伴い、生気論が身体現象を説明するものから心身相関現象を説明するものへと質的に変化することを示唆している。

●子どもの生気論、大人の生気論

身体現象の説明として幼児が生気論を好むことをはじめて実証的に示したのは、稲垣佳世子と波多野誼余夫である（Inagaki & Hatano, 1993）。これについては第2章で述べた通りである。稲垣らの研究では、年齢が上がるとともに、生気論より身体を機械と見なす西洋近代的な説明である機械論が好まれるようになった。前述した外山（Toyama, 2013）による身体性の身体不調に関する検討でも、年齢が上がるとともにメカニズムの説明が多くなったが、この発達的変化と一致する結果である。

身体現象については、児童期以降、おそらく学校などで生物学的知識を学ぶことによるのだろうが、より科学的な理解が顕著になっていき、生気論は認められなくなる。これを見る限り、生気論は科学的理解が獲得されるまでの間、子どもが一時的に依拠する因果装置であると考えられる。しかし生気論は消滅するのではなく、児童期以降、心因性の身体不調のような心身相関現象に適用できるものへと姿を変えて存続し続けるのである。

では、子どもの生気論と大人の生気論は、何が異なるのだろうか。生気論について先駆的検討を行った稲垣・波多野は、大人が生気論に頼る例として「病気への抵抗力」を挙げている（Inagaki & Hatano, 2002）。筆者の研究（Toyama, 2019）でも、かなり多くの大人が、病気のかかりやすさに睡眠習慣や食習慣、心配の有無が影響すると答え、その理由を問われたときに生気論に言及することが示されている。日本の大人を対象として、細菌との感染程度、食習慣、睡眠習慣、抱えている心配の程度、そして人間関係の質が異なる二人の登場人物について、どちらの方が水疱瘡、風邪、腹痛にかかりやすいか判断を求めた。たとえば、「水疱瘡にかかった友だちが飲んだコップを、そのまま洗わずに使ってジュースを飲んだ人物Ａと、コップを洗ってからジュースを飲んだ人物Ｂ」（感染の程度）、「好き嫌いが多くて、スナック菓子ばかり食べ、野菜をほとんど食べない人物Ａと、好き嫌いなく、野菜や魚、肉を食べる人物Ｂ」（食習慣）、「寝るのが遅くて睡眠時間がとても少ない人物Ａと、早く寝るので睡眠時間が多い人物Ｂ」（睡眠習慣）、「心配なことがたくさんあって、暗い気持ちでいることの多い人物Ａと、心配なことがなく、明るい気持ちでいることの多い人物Ｂ」（心配の程度）、そして「友達に嘘をついて意地悪ばかりしている人物Ａと、友達にいつでも正直でとても親切な人物Ｂ」（人間関係）など、対照的な登場人物を提示したのである。

大人については学歴（大卒、高卒）や年代（二〇代、四〇代、六〇代）に関係なく、多くの者が水疱瘡のように原因のはっきりとした伝染性の病気についても、風邪や腹痛のように伝染性かどうか不明瞭な病気についても、食習慣や睡眠習慣、心配の程度が病気のかかりやすさに関係すると判断した。そしてその理由を説明する際に、さまざまな課題で生気論に言及したのである。大人の説明によれば、生命力（元気やエネルギー、パワー）は野菜（ほうれん草やピーマンのような緑黄色野菜）や魚（イワシやサバのような青魚）、睡眠だけでなく、仲の良い友達との良好な人間関係や読書、散歩といった余暇活動によって供給され、やはりさまざまなルートで消費された。ここにおいて生命力は心と身体の間を行き来するものとして描かれていた。同様の課題を未就学の六歳児、二年生、五年生に実施したところ、子どもの間では生気論に基づく説明はより限定的であった。子どもにおいて生命力の供給源はおもに食べ物と睡眠であり、大人の生気論のように、人間関係を通じて生命力が得られたり奪われたりするといったことは想定されていなかった。つまり、子どもにとっての生命力は身体活動に限定されており、一方、大人にとっての生命力は心と身体の双方にまたがるものだった。

4 文化差

●西洋の生気論

第2節で述べたように、子どもは年齢が上がるにつれ、心から身体への影響を認めやすくなる。この発達的変化は、日本とアメリカに共通していた。しかし、同じ年齢の対象者について日本とアメリカの結果を比較したところ、次のような文化差も認められた。まず、「心配でお腹が痛くなった」など心的状態が身体反応を引き起こす可能性を認める傾向は、二年生と大人において日本の方が高かった（ただし、四歳児、五歳児、五年生については差がなかった）(Toyama, 2010)。また、「心配でお腹が痛くなった」といった心因性の身体不調に心理治療が有効と判断する傾向は、四歳児、五歳児、二年生において、やはり日本の方が高かった（ただし、大人については差が認められなかった）（Toyama, 2011）。心的状態が身体反応を引き起こす可能性を判断する場合も、心因性の身体不調に心理治療が効果的か判断する場合も、一貫して日本の方が心と身体の関連性を認める傾向が高かったのである。つまり、日本はアメリカに比べ心と身体を相互依存的な関係として見る傾向が強く、逆にいえば、アメリカは心と身体を明確に区別する、すなわちデカルト的見方が強いということができる。

日本の大人が心から身体への影響を認める背景には、生命力を心と身体にまたがるものとして見る心身相関的生気論があるようだ（第３節を参照）。このような考え方は、西洋の子どもや大人にも共有されているのだろうか。先に紹介した、生気論について先駆的検討を行った稲垣・波多野の課題を、アメリカの一年生、三年生、大人（大学生）に実施した研究（Miller & Bartsch, 1997）がある。稲垣たちは、摂食や呼吸といった身体現象について三つの説明（生気論的説明、意図的説明、機械的説明）を同時に提示し、どれがもっともよい説明か選択を求めたが、この研究では二つの説明を提示し（生気論的説明と意図的説明、生気論的説明と機械的説明）、どちらがよい説明か選択してもらった。その結果、意図的説明と生気論的説明を提示した場合には、アメリカの子どもも生気論的説明をよい説明として選ぶ傾向にあった。しかし、機械的説明と提示した場合には、どちらか一方を選択しやすいという傾向は認められなかった。この研究ではさらに、一、三年生と大人の判断に大きな差はなく、西洋の子どもだけでなく大人の間でも生気論が一定程度支持されていることも示された。

オーストラリアの英語を話す子どもを対象とした研究もある（Morris et al., 2000）。アメリカの研究とは異なり、稲垣・波多野の課題をそのまま、つまり三つの選択肢を同時に提示し選択を求めた。その結果、オーストラリアの五歳児は日本の幼児同様、生気論的説明を選択する傾向があった。さらにこの研究では生気論を二つの構成要素に分けた。それは、体内臓器が人間の意志ではなく独自の目的に向けて機能しているという要素（臓器の意図）、そして身体内部では生命力（vital force）あるいはエネルギーが交換されているという要素（エネルギーの交換）である。この二つの要素について選択を求めると、臓器の意図よりエネルギーの交換がよい説明として選択されやすかった。以上の結果は、生気論が日本だけでなく西洋文化にも浸透していることを示唆している。

文化普遍性と文化固有性

アメリカならびにオーストラリアで検討された生気論は、身体現象を説明する生気論である。日本の大人に見られる心身相関的な生気論ではない。西洋でも発達につれ、生命力は心身相関的意味合いを帯びるようになるのか、現時点ではこれに関するデータはない。生気論のある部分は文化にかかわらず普遍的だが、また別の部分は文化によって固有であるのかもしれない。

この問題を考えるにあたって、示唆的な研究がある。レガール（C. H. Legare）らは、アメリカ（Legare et al., 2009）および中国（Legare et al., 2013）の四歳児に次のような課題（アイスクリーム課題を含めて八つの課題があった）を提示し、なぜ主人公が病気になったのか、理由説明を求めた。

［中国版のアイスクリーム課題］ここに、二人の男の子がいます。一人はトントン、もう一人はナンナンといいます。トントンはミルクアイスクリームをもっています。ナンナンはイチゴアイスクリームをもっています。小さな虫が飛んできて、トントンのアイスクリームにとまりました。その後少し経ってから、その虫はトントンのアイスクリームから飛んでいきました。茶色くなった落ち葉がナンナンのアイスクリームの横に飛ばされてきました。その後少し経ってから、その落ち葉は別の場所に飛ばされていきました。

トントンは、ミルクアイスクリームを食べました。ナンナンは、イチゴアイスクリームを食べました。どっちの子がミルクアイスクリームを食べたのかな？（確認質問）どっちの子がイチゴアイスクリームを食べたのかな？（確認質問）

次の日のことです。トントンの具合が悪くなりました。どうしてトントンの具合が悪くなったのでしょう？　どうしてトントンの具合が悪くなったのか、理由を教えてくれる？

四歳児はトントンが病気になったことを次のように説明した。

①　汚染：汚染された物質やバイキンなどが付着・移動したことに触れた説明。たとえば「虫

は汚い。その虫がアイスクリームに付いたときに、バイキンがアイスクリームの中に入ったから」「虫がバイキンを付けた。バイキンはとても汚い。でも、この子はバイキンを食べてしまったから」など。

② 温度：低すぎる温度が病気を発症させたという説明。たとえば「アイスクリームはとても冷たい。冷たくなると病気になりやすいから風邪をひいた」など。

③ 他の身体的説明：汚染と温度に含まれない、他の身体過程に言及した説明。たとえば「アイスクリームの入った容器がとても大きくて食べ過ぎたから」など。

これらのうち最も多く認められた説明は、アメリカでも中国でも「汚染」だった。たんに「虫が付いた」という情報しか与えていないのに、多くの四歳児が「バイキンがいた」とか、「バイキンが身体内部に侵入した」といったメカニズムを想定して理由をみずから産出したのである。「汚染」が全反応に占めた割合はアメリカでは八八パーセント、中国では六三パーセントに上った。一方、「温度」はアメリカの子どもにはまったく認められなかったものの、中国では四二パーセントの子どもに認められた（ただし、アイスクリーム課題で）。中国の伝統医療では生命の源泉はエネルギー（気）にあり、身体内部でエネルギーがバランスよく循環・蓄積することで健康が保たれると考えられている（Legare et al., 2013）。この考え方は稲垣と波多野（Inagaki & Hatano, 1993）の生気論と符合するが、中国ではエネルギーに寒と熱（陰と陽）があり、食べ物によって寒のエネルギーをもつもの、熱のエネルギーをもつものがあるとされる。こうした中国文化固有の考え方を反映した説明が「温度」なのである。

アメリカでも中国でもわずか四歳の子どもが自発的に「汚染」の説明を産出した背景には、西洋近代医学が文化を問わず普及していることがあるだろう。また、その説明、すなわち目には見えない微少な物質（たとえば、バイキン）が身体内部に入り込み、病気を発症させるという説明を受け入れる素地となるものを、ヒトはおそらく生得的にもっているのだろう。

こうした文化普遍的な考え方と、中国における寒熱（陰陽）エネルギー、さらには日本における心身一如のような文化独自の考え方が組み合わされて、私たちの理解は作り上げられている。生気論では、生命力（エネルギー）の生成や消失、循環により身体現象を説明する要素は西洋でも認められており、この部分は文化普遍的なのかもしれない。しかし、生命力を心と身体にまたがるものと見る要素については、日本（あるいは東アジア）に特徴的なのかもしれない。そうであるならば、西洋の大人はどのようなメカニズムを想定して、心が身体に影響を与えると考えているのだろうか。生気論的概念とは異なる概念が使われているのだろうか。それとも、類似の概念が心から身体への因果をつなぐ鍵となっているのだろうか。

これらの問いとあわせて、文化固有の考え方が子どもにどのように伝達されているのか、そのルートを明らかにすることも理解の文化差を明らかにするうえでは重要である。中国の四歳児が「温度」に言及したという結果は、発達の非常に早い時期から伝達と習得が始まっていることを示唆するが、伝達ルートは多岐にわたるだろう。養育者や保育者などの大人が乳幼児にどのような言葉をかけているか。これを検討することはもちろん重要だが、普段の生活での大人の発話は、非常にシンプルなものである（Toyama, 2016）。たとえば、食事前に手洗いをしない子どもに対して、養育者や保育者はせいぜい「汚いよ」「バイキンいるよ」といった程度の説明しかしない。バイキンがどのようなもので、なぜ有害なのかを説明することはほとんどない。発話はシンプルでも、実践のレベルでは保育者の働きかけは断固としている。子どもが手洗いをしないこと、落ちた食べ物を拾って食べることをほとんど許容しないのである。衛生面ではこうした厳格さを見せるが、一方で、保育者は食事マナーについては寛容性が高い。一度言葉かけをして、それに子どもが従わなかったとしても、さらに働きかけることはあまりない。言語的説明だけでなく、こうした日々の実践それ自体がその文化における価値や考え方を伝達しているのである。理解の文化差を探求するには、実践のディテールを丹念に見ていく必要がある。

心身二元論の伝統を受け継ぐ西洋社会では、心的状態が身体に与える影響を予測する際も、また心理治療、身体治療が心因性の身体不調にどの程度効果があるかを予想する際も、日本に比べると、心の影響を低く見積もる傾向があった。一方、日本を含む東洋社会では、「心身一如」という言葉に端的に示されるように、心と身体を一つのものとして見る伝統的な身体観がある。このことが文化差として示されたのだろう。

本章冒頭の「つぶやき」について、なぜ手をつなぐと元気になるのだろうか。我が子に手をつながれて、じわっと心が温かくなり、その嬉しい気持ちが頭痛を吹き飛ばす。子どもの内にあった生命力が、つながれた手を経由して母親の内部に注入され、その生命力が頭痛を治す。心身相関的生気論のもとでは、こうしたメカニズムが想定されているのかもしれない。

第5章　遺　伝

ハワイで挙式をした両親の写真を見て、
「パパとママは　ハワイで結婚したのに
私はなんで　外国人じゃないんだろう?」(五歳)
(『あのね——子どものつぶやき』七〇ページ)

赤ちゃんが生まれると、両親や祖父母の間では「鼻の形はお父さんに似ている」とか、「大きな泣き声はおじいちゃんゆずりだ」など、互いの痕跡を探すやりとりが交わされる。私たちの能力や特性には親から受け継いだものもあれば、経験によって獲得されたものもある。「氏か育ちか」、英語では「nature vs. nurture」問題は心理学における主要なテーマの一つであるが、近年では、遺伝の影響が小さくないことが明らかになっている(安藤、二〇一一)。

本章で取り上げるのは、この遺伝に関する理解である。子どもはそもそも遺伝について何らかのアイデアをもっているのだろうか。もっているのだとすれば、大人の理解と異なるのだろうか。遺伝の捉え方は進化の捉え方と強く関連することから、まず、進化に関する考え方を確認しておきたい。なお、筆者は進化学を専門としないので、詳細は専門書を参照してほしい。

1 進化論

●創造説

進化論といえば、ダーウィン（C. Darwin）である。一八五九年に発表された『種の起源』（Darwin, 1859/1963-1971）は科学史上最も偉大な本の一つといわれており、イギリス海軍の測量船ビーグル号でガラパゴス諸島に立ち寄った際、ダーウィンフィンチと後に呼ばれることになる鳥から進化論を着想したというエピソードはあまりにも有名である。

『種の起源』は創造説、すなわち生き物はすべて神が創造したというキリスト教の考えと異なることから、当時、大きな反発を招いたといわれている（河田、一九九〇）。アメリカの調査会社であるギャラップ社は、ヒトの起源について「神が現在の形のヒトを創造した」「ヒトは何百万年もかけて進化してきたが、この過程は神がガイドした」「ヒトは何百万年もかけて進化してきたが、この過程に神はまったく関与していない」という三つから選択を求める調査を続けているが、二〇一七年調査では創造説（「神がヒトを創造した」）を信じるアメリカ人は三八パーセントだった（Swift, 2017）。この数値は過去三五年間では最も低かったが、「進化してきたが、進化の過程は神がガイドした」（インテリジェント・デザイン説）を選択した人も三八パーセントとなっており、両者をあわせると七〇パーセントを超えた。キリスト教信仰に加え、アメリカの学校ではいままでも進化論を教えない地域があることなどがこの背景にあるのだろう。神こそがヒトをはじめウシ、ゾウ、ネコ、イヌなど、あらゆる生物種を創造したとする教えのもとでは、生き物が長い時間をかけて変化したとする進化論は受け入れがたいのかもしれない。

●ラマルキズム（ラマルクの進化論）

先に、進化論といえばダーウィンであると述べたが、進化論を最初に唱えたのはダーウィンではない。ダーウィン以前の進化論者の一人に、フランスの博物学者であったラマルク（J. Lamarck）がいる。ラマルクの進化論（ラマルキズム）は一八〇九年に発表された『動物哲学』にまとめられている（ラマルク、一九五四）。ラマルキズムの考えを端的に示す考察としてよく引き合いに出されるのが、キリンの首に関する記述である。

周知のように、これ（筆者補足：キリン）は哺乳類中で最も身長の高い動物で、アフリカの奥地に棲息し、その生活する地域は土地が殆ど常に乾燥しまた草も生えず、それがために、この動物は木の葉を食し、そして絶えず木の葉に届くように努力しなければならなかった。この習性はその種類の全ての個体を通じて遙か以前から持続された結果として、その前脚は後脚よりも長くなり、その頸は、その後脚で立って伸び上がらなくても、頭を上げれば、六メートルの高さに達する程に、伸びることになった。

（ラマルク、一九五四、二一六〜二一七ページ）

ラマルクは、木の葉を食べるために全個体が首を長くしようと努力したことがキリンの進化の原動力であり、その結果得られた長い首が次の世代に受け継がれていき、その積み重ねとしてキリンの首が徐々に長くなったと考えた。ラマルキズムの特徴は、キリンの首のようによく使用する器官はよく発達し、使用しない器官は退化していくと見ること、そして発達した器官は遺伝すると考える点にある。前者を「用不用説」、後者を「獲得形質の遺伝」という。これに従うと、生き物は環境に適応するメカニズムを備えており、つねにより適応的な方向へと進化していく。したがって、進化は発展であり、進歩であり、前進である。つまり、進化とはプラス方向の変化を意味することになる。

●ダーウィニズム（ダーウィンの進化論）

ダーウィンの進化論（ダーウィニズム）の柱は変異の発生、そして生存競争において有利な変異が遺伝するという自然選択（自然淘汰）にある（Nei, 2013/2019）。同じ種に属していても、個体によって形質（性質）には少しずつ相違がある（変異）。各個体は生存のため、また子孫を残すため、環境に適応しようと「奮闘」（struggle）するが、生存や繁殖に有利な形質をもった個体は生き残り（選択される）、子孫を残すことに成功する。しかし、不利な形質をもった個体は子孫を残せない。こうした変異と遺伝の繰り返しが進化なのである（河田、一九九〇）。

ラマルクとダーウィンの考え方の相違点は、まず、環境への適応をラマルクは個体の努力と捉えた一方、ダーウィンは「奮闘」という言葉を使ったとはいえ、生き物自身の積極的な意思を介在させなかったことである（河田、一九九〇）。ダーウィニズムにおいて、進化の原因はもっぱら自然の選択に求められる。もう一つ、ラマルキズムでは生存や繁殖に有利な形質、よく用いられる形質が遺伝するので進化は進歩を意味するが、ダーウィニズムでは進化とはたんに「遺伝する形質が変化する」ことにすぎない。したがって、進化は必ずしも進歩や前進を意味しない。変異はランダムに生じるものであり、そのランダムに生じた変異の中から、生存力や繁殖力を高める変異が自然選択によって残っていくのである（更科、二〇一九）。

●変異と変形

ダーウィニズムでは、変異がなければ自然選択は働かない。変異は進化を進める重要概念である。一方、ラマルキズムでは進化は変形（transformation）の積み重ねによって成し遂げられる。

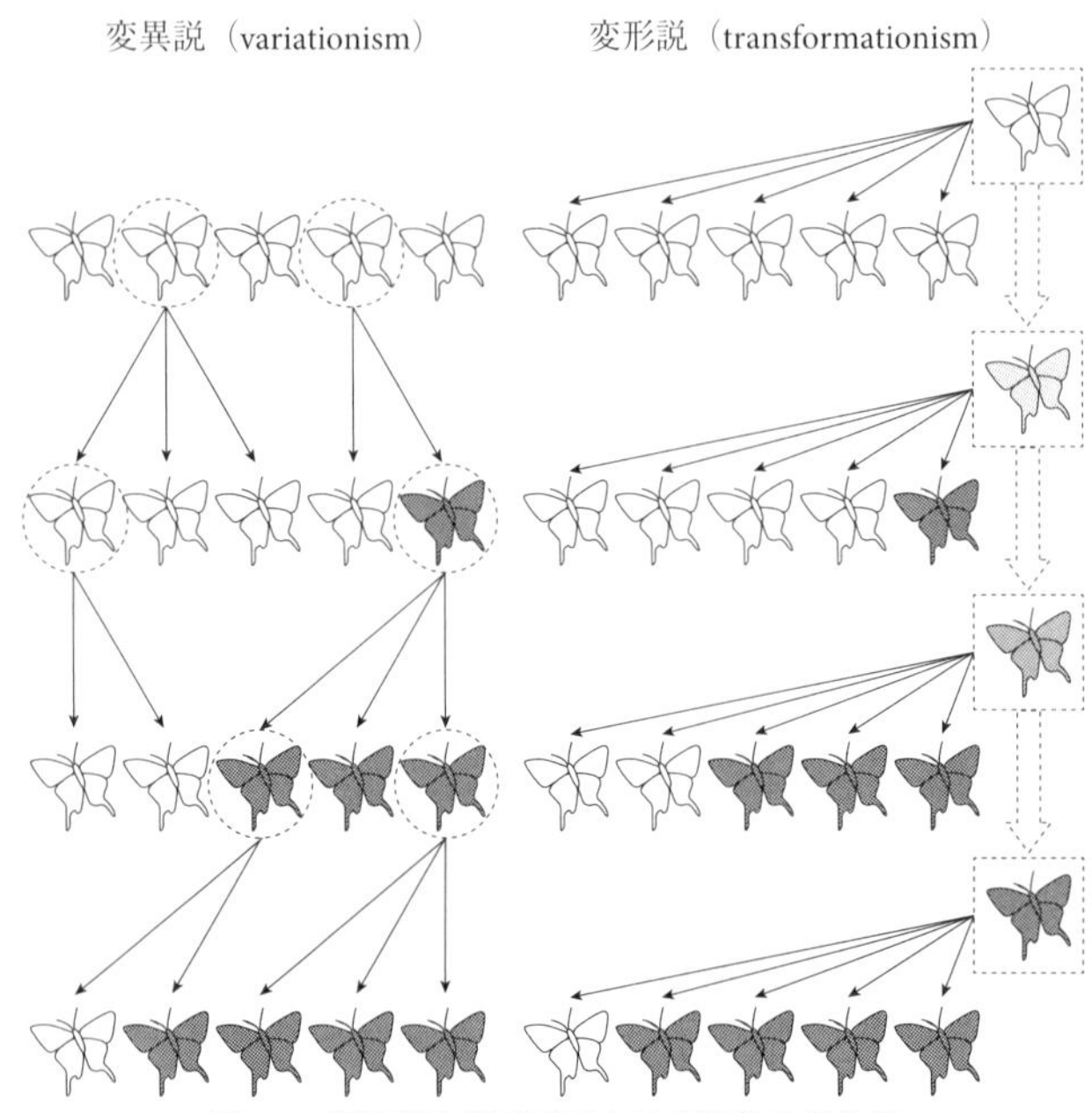

図 5-1　変異説と変形説における進化の考え方

（出典）　Shtulman（2006），Fig. 1 より作成。

進化に関する誤概念を検討しているハーバード大学のシュトゥルマン（A. Shtulman）は、前者の考え方を変異説（variationism）、後者を変形説（transformationism）と呼び、両者における進化の捉え方の相違を図５－１のようにまとめている（Shtulman, 2006）。

変異説によれば、進化には変異と選択（淘汰）の二つのステップが含まれる。変異、そして生殖による遺伝子の組み換えにより、親とは異なる形質をもった子が生まれる。図５－１にあるように、白色の蛾からは白色の子が生まれることが多いが、黒色の子が生まれることもある。もし黒色であることが生存と繁殖に有利であれば、黒色の個体は白色の個体より子孫を残すチャンスが大きくなる。その結果、黒色の個体が増えていく。一方、変形説では、その種に属するすべての個体は、環境により適応できるよう絶え間なくその形質を変形・変化させていく。図5－1の右側、破線で囲まれた蛾はその世代の平均的な蛾の姿であり、その世代の個体に共有されている「本質」を示している。ここに描かれているように、変形説では世代を経るごとに白色から淡いグレー、濃いグレー、そして黒色へと本質が変形・変化していき、蛾は白色から黒色へと進化していくのである。なお、変形説（ラマルキズム）は現在では否定されている。

発達心理学がピアジェの発生的認識論を批判しつつも、その偉大な功績を認めているように、ダーウィンの進化論は現在の進化生物学から見ると誤りも含むが、いまでも大きな影響を与えているという（更科、二〇一九）。ダーウィンの時代とは異なり現代では、極端な創造論者を除けば、多くの人が進化そのものについては否定しないだろう。では、進化や遺伝に関する人々の理解はどのようなものなのだろうか。まずは、子どもの理解から見ていこう。

2　遺伝する属性、しない属性

●生物属性

まず取り上げるのは、遺伝しやすさに関する理解である。毛髪の質や肌の色といった身体的属性は遺伝的に引き継がれるが、食べ物の好き嫌いや学業成績などは、生まれた後の経験（環境）によって決まる部分が大きい。子どもはこうした相違に気づいているのだろうか。

外見はあまり似ていないが親子関係にある個体間の方が、外見はよく似ているものの血縁関係のない個体間より同じ身体的属性をもちやすいという気づきは、四歳児について認められている。アメリカで行われた研究（Springer, 1992）では、三つの個体が描かれた絵（図５－２）を提示した。上部がターゲットの動物であり、下部左側がよく似た非血縁個体、右側があまり似ていない子どもである。あまり似ていないといっても、極端に似ていないわけではない。実験ではまず、ターゲットがある属性をもっていると伝えた。属性の中には、「身体の中に小さい骨がある」「暗闇でも目が見える」など身体に関する生物属性と、「丈の長い芝生で腹ばいになるのが好き」「食べ物のある場所をよく知っている」など嗜好や知識といった非生物属性があった。これらを伝えた後で、よく似た非血縁個体と、あまり似ていない子どもがそれぞれ、その属性をもっているか判断を求めたのである。実験対象者はアメリカの四～五歳児、六～八歳児であった。

図 5-2　遺伝しやすさに関する理解の実験で使われた絵
（出典）　Springer（1992）より許諾を得て掲載。

その結果、四～五歳児でも身体に関する生物属性は親子間の方が共有しやすいことを理解していた。「小さい骨がある」親の子どもは、親とあまりよく似ていなくてもやはり小さい骨をもちやすく、よく似ていても血縁関係のない個体は小さい骨をもちにくいだろうと判断したのである。こうした判断パターンは、嗜好や知識には認められなかった。「芝生で腹ばいになるのが好き」な親だからといって、その子どもも同様にそれが好きであるとは限らず、よく似た非血縁個体と同程度に好きであろうと判断したのである。つまり、四～五歳児は、身体に関する生物属性は遺伝しやすいが、嗜好や知識は遺伝しにくいと考えていたのである。

●養子課題

人種もまた生物属性である。アメリカの研究では、人種も遺伝的に決まっているとする理解がやはり四歳児に認められている（Hirschfeld, 1995）。この研究では

「養子課題」(adoption paradigm) が使われた。養子課題は遺伝に関する理解の研究でよく用いられるので、ここで紹介しておきたい。

養子課題の主人公は赤ちゃんである。この赤ちゃんは生まれてすぐに生みの親から引き離され、別の親のもとで育てられる。産院で赤ちゃんの取り違えが起こったという設定の場合も、養子に出されたという設定の場合もある。いずれにせよ、この赤ちゃんは生物学的な親ではない、育ての親のもとで過ごすことになる。ところで、生みの親と育ての親は異なる属性をもっている。たとえば、生みの親は背が高かったが、育ての親は背が低かったといった具合である。では、成長した赤ちゃんはどちらの属性をもつようになるのか、つまり背が高いのか、それとも低いのか判断を求めるのである。背の高さが遺伝的に決まっていると考えるなら、背が高い (生みの親の属性) と答えるはずである。逆に環境の中で形成されると考えるなら、背が低い (育ての親の属性) と答えるはずである。

赤ちゃんの取り違えという設定で、人種 (髪の毛や肌の色といった外見) の遺伝に関する理解を検討した研究では、次のような課題が提示された。

これから二人の女の子と、その家族に関するお話をします。このお話をちゃんとわかってもらうことはとても大事なことです。これから話すお話は、本当に起こったことではありません。まず、スミスさん夫婦とジョーンズさん夫婦の絵を見せます (絵を見せる)。スミスさん夫婦に赤ちゃんが生まれました。ジョーンズさん夫婦にも赤ちゃんが生まれました。赤ちゃんが生まれた病院では、夜になると赤ちゃんたちはみんな新生児室と呼ばれる部屋で寝ることになっています。こんな感じです（絵を見せる）。スミスさんの赤ちゃんはどれですか？　ジョーンズさんの赤ちゃんはどれですか？（確認させる）

赤ちゃんが退院して家に帰るときのことです。スミスお母さんとジョーンズお母さんは、新生児室から間違って自分の子どもではない赤ちゃんを受け取りました。スミスさんはジョーンズさんの赤ちゃんを家に連れて帰り、ジョーンズさんはスミスさんの赤ちゃんを家に連れて帰ったのです。でもそのことに、誰も気づきませんでした。

スミスさんが病院から連れ帰った赤ちゃんは大きくなって、学校に通い始めました。この三人の女の子たちを見てください（絵を見せる）。どの子が、その女の子ですか？　ジョーンズさんが病院から連れ帰った赤ちゃんも大きくなって、学校に通い始めました。この三人の女の子たちを見て下さい（絵を見せる）。どの子が、その女の子ですか？

ジョーンズ夫妻とスミス夫妻の一方は黒人カップルで、もう一方は白人カップルであった。取り違えられた赤ちゃんが大きくなった姿は一人が黒人、もう一人が白人、そして最後の一人は毛髪の質も肌の色も両者の中間形態であった。もし人種が遺伝的に決定されることに気づいていれば、生みの親と同じ人種の子どもを選ぶはずである。実験対象者はアメリカの三歳児、四歳児、五歳児であったが、三歳児についてはこうした理解は確認されなかった。しかし、四歳児と五歳児については、肌の色についても毛髪の質についても、生みの親と同じ子どもを選択する傾向が認められた。そしてそのように判断した理由を尋ねられると、四歳児、五歳児は三回に一回程度、つまりある程度頻繁に生みの親の肌や毛髪の特徴に言及したのである。

●身体的属性、信念、嗜好

他の研究でも、背の高さや身体構造などの身体的属性は遺伝的に決まっているが、心理社会的属性については環境の影響が大きいという理解が幼児に認められている。

アメリカの四～七歳児を対象として、やはり養子課題を用いた研究（Springer, 1996）では、次の属性が検討された。「背が高いか低いか」「肝臓が身体の右側にあるか左側にあるか」といった身体的属性、「ライオンの歯が三二本だと思っているか三六本だと思っているか」といった信念、そして「イヌ好きかネコ好きか」といった嗜好である。ライオンの歯の数に関する信念（知識）は養育環境の中で知ることになるだろうから環境の影響が強く、「イヌ派かネコ派か」といった嗜好もやはり環境の影響が強いだろう。これらに比べれば、身体的属性は遺伝的に決定されている部分が大きいと考えられる。この研究の四～五歳児が生みの親の属性を選んだ割合は、身体的属性については約七〇パーセント、信念や嗜好については約三〇パーセントであった（七歳児になると約八〇パーセントと約一〇パーセントに差が開く）。つまり四～五歳児は、身体的属性は遺伝の影響が強く、信念や嗜好は環境の影響が強いことについて一定の理解を示したのである。

しかし、やはり養子課題を用いて、そしてやはりアメリカの四〜七歳児、大人を対象とした研究（Solomon et al., 1996）では異なる結果も報告されている。この研究では、身体的属性（目が緑色か茶色か、毛髪がストレートかカールしているかなど）、信念（スカンクは暗いところでも目が見えると思っているか、それとも目が見えないと思っているかなど）、嗜好（ピクルスよりお菓子が好きか、それともお菓子よりピクルスが好きかなど）、気質（恥ずかしがり屋か、それとも知らない人と会うのが好きかなど）、スキル（算数より国語が得意か、それとも国語より算数が得意かなど）などの属性が検討された。その結果、身体的属性についてはそのほとんどについて生みの親を選び、逆に信念については育ての親を選ぶという反応パターンは、大人では一六名中一五名だったが、四〜五歳児ではわずか一名にとどまった。六歳児では四名、七歳児では九名だった（どの年齢グループでも一六名中）。四〜五歳児では身体的属性についても育ての親を選ぶ傾向（養親バイアス）が六名に認められたことから、この研究の著者たちは、遺伝しやすさにおいて属性を区別するという理解は、七歳前の幼児には認められないとした。

このように研究間で異なる結果が得られたわけだが、この不一致については養子になった経緯の違い（赤ちゃんの取り違えか養子縁組か）や検討した属性の違い（育ての親を選ぶ属性数の違い）等から議論されている。実際に課題を変えて実験すると、幼児の反応パターンが異なることも確認されている（Springer, 1996）。これらのことから、身体的属性については遺伝の影響が強く、心理社会的属性については環境の影響が強いというおおまかな理解は四～五歳頃には獲得されるという見方が、現在では一定の支持を得ている（Inagaki & Hatano, 2002; Ware & Gelman, 2014）。

3　属性の機能性

●幼児の判断

生物属性か非生物属性かによって、遺伝しやすさの判断に相違が認められたわけだが、属性の機能性、すなわち生存や生殖といった目的に対してその属性がどれだけ役に立つか、どれだけ有用かも、遺伝しやすさの基準として使われるようだ。まずは幼児について見ていこう。

通常とは異なる身体的属性をもった個体を紹介し、その子どもにもその属性があるか判断を求めた研究がある（Springer & Keil, 1989）。ただし、取り上げた属性は、それが身体内部にあるか外部にあるか（内部、外部）、生まれつき備わったものか（生得性）、何かの役に立つか（機能性）において異なっていた。次に示すのは、身体内部の、生得的で機能的な属性に関する課題である（傍線は筆者）。

この人たちはブルさん夫婦です。ブルさん夫婦は、生まれつき身体内部の胸のあたりに普通の色ではなくピンク色の心臓をもっていました。ピンク色の心臓だから、ブルさん夫婦は健康でいられます。この子はブルさん夫婦の子どものビリーです。ビリーが生まれたとき、ビリーの心臓はピンク色だったと思いますか？　それとも普通の色だったと思いますか？

アメリカの四～五歳児、六～七歳児、大人に課題を伝えた後、子どものビリーが親と同じ「ピンクの心臓」をもつか、それとも「普通の色の心臓」をもつか判断を求めたところ、大人は属性が身体内部のものでも外部のものでも、機能的でもそうでなくても判断に違いはなかった。しかし、生得性については明瞭な相違が認められた。親が「ピンク色の心臓」を「生まれつき」もっていた場合には、子どもも「ピンク色の心臓」をもちやすく、「たまたまアクシデントで」もつようになった場合には、子どもは「普通の色の心臓」をもちやすいと判断したのである。一方、四～五歳児の判断は生得性によっても、身体内部か外部かによっても相違はなかったが、機能性による相違があった。幼児は、役に立つ属性は遺伝しやすいと判断したのである。

●大人の判断

いまの研究では、属性の遺伝しやすさを判断する際、大人は幼児ほどには属性の機能性に着目しなかった。しかし別の研究法を用いた場合、やや異なる結果が示されている。先に紹介した養子課題を用いてアメリカの大人（大学生）の理解を検討した研究（Ware & Gelman, 2014）をここで紹介したい。この研究では、生みの親と育ての親が異なる属性をもっていると伝えた後、その属

短いしっぽのクリー　　長いしっぽのマーブ

図 5-3　属性の機能性について，遺伝しやすさに関する理解を検討した研究で使われた絵

（出典）　Ware & Gelman（2014），Fig. 1 より作成。

性について何の情報も与えなかった場合と機能性に関する情報を付加した場合に判断がどの程度異なるかを検討した。機能性に関する情報を付加した課題は、次のようなものであった（提示した絵は図5－3）。

これはクリーといいます（動物の絵を見せる）。そしてこれは（別の動物の絵を見せる）マーブといいます。クリーとマーブは別の動物です。

ある日、クリーに赤ちゃんが生まれました。クリーのお腹から赤ちゃんが生まれたのです。でも、クリーは赤ちゃんを育てることができませんでした。生まれてすぐ、その赤ちゃんはマーブのところにいきました。クリーはその後、二度とその赤ちゃんと会っていません。マーブはその赤ちゃんを育てました。その赤ちゃんはマーブのところで大きくなって、六歳になりました。

ほら、これを見てください（絵を示す）。クリーには短いしっぽがついています。短いしっぽだからこそ、クリーは自分が興奮していることを示すことができます。

今度はこれを見てください（絵を示す）マーブには長いしっぽがついています。長いしっぽだからこそ、マーブは背中についた虫を追い払うことができます。

以上を伝えた後で、この赤ちゃんに生みの親と同じ「短いしっぽ」がついているか、それとも育ての親と同じ「長いしっぽ」がついているか判断を求めた。この研究で検討した属性は身体的属性であった。先に述べた通り、幼児でも身体的属性は遺伝しやすいことに気づいており、この研究でも大人はたいていの場合、生みの親を選択した。とりわけ機能性に関する情報がなかった場合（たんに、クリーには短いしっぽ、マーブには長いしっぽがついていると伝える）、大人はほぼすべての場合に生みの親を選択した。この研究のポイントは、機能性に関する情報を付加した場合（クリーの短いしっぽは「自分が興奮していることを伝えるため」、マーブの長いしっぽは「背中についた虫を追い払うため」という情報を加える）に、どの程度、育ての親へと選択が流れるか（傾くか）であった。ここでもし育ての親の選択が増えたとすれば、機能的な属性は誕生後に獲得されると考えられていることになる。

実験結果は、まさにこのことを示すものであった。機能性に関する情報を付加すると、育ての親の選択が多くなったのである。そしてその結果は、身体的属性が外部の場合でも（しっぽや脚の形）、内部の場合でも（心臓や血液）同じであった。本来子どもは、生みの親と同じ身体的属性をもつが、その属性が何らかの機能を果たすのであれば、育ての親と同じ属性をもつようになる、つまり機能的な属性は経験によって変化する（形質を獲得する）と考えられていたのである。

この研究では、四〜五歳児にも同様の課題を実施したが（Ware & Gelman, 2014, Study 7）、機能性に関する情報を付加すると、大人と異なる結果が示された。幼児は属性が機能的だと伝えられると、生みの親を選択する方向へと判断が傾いたのである。この結果は、前述の研究（Springer & Keil, 1989）において、アメリカの四〜五歳児が機能的な属性は遺伝しやすいと判断した結果と一致している。

属性が何らかの機能を果たすと伝えられると、幼児はその属性を生得的と考えやすく、逆に大人は誕生後の経験に応じて変化すると考えやすい。幼児と大人では、なぜこのような相違が認められたのだろうか。この点について考える前に、この研究にはまだ続きがあるので、あと二つほど興味深い結果を紹介しておきたい。

●棲息地情報、獲得形質の遺伝

クリーとマーブの研究では属性の機能を伝える条件の他に、属性が当該動物の棲息地と関連するという情報を付加する条件も設定された。たとえば、「生みの親には短いしっぽがついているが、短いしっぽの動物はたいていジャングルに棲んでいる。一方、育ての親には長いしっぽがついているが、長いしっぽの動物はたいてい森に棲んでいる」と伝え、「では、短いしっぽの親から生まれ、長いしっぽの親に育てられた子どもはどちらのしっぽをもつようになったか」と、判断を求めたのである。

ここではたんに、属性と棲息地との関連性が伝えられただけである。しかし適応というアイデアがあれば、「その棲息地の動物の多くが共通の属性をもっているのだから、その属性にはきっと適応的意味があるのだろう」と推測できる。実際、大人は棲息地に関する情報が付加された条件でも、機能性に関する情報が付加された条件と同じように、育ての親を選択しやすくなった。しかし、幼児の場合にはそうならなかった。幼児は、機能性に関する情報が付加された条件では生みの親をより選択しやすくなったが（前述の通り）、棲息地に関する情報が付加された条件では、逆に育ての親を選択しやすくなったのである。幼児は、棲息地に関する情報から属性の機能を推論することが困難だったのかもしれない。そのことが、こうした結果をもたらした可能性がある。

もう一つの興味深い結果は、クリーから生まれマーブに育てられた子どもから生まれた子ども（第二世代）の属性について判断を求めた実験結果（Ware & Gelman, 2014, Study 4）である。この実験は幼児については行われなかったため幼児のデータはないのだが、大人を対象として「短いしっぽのクリー」から生まれたが「長いしっぽのマーブ」に育てられた子どもについて、まず、どのようなしっぽをもつか判断を求めた（ここまでは前述の通り）。続けて、「それでは、この子どもが大きくなったところを想像してください。この子どもはすっかり大きくなって赤ちゃんができました。生まれてくる赤ちゃんは長いしっぽをもっていますか？　それとも短いしっぽをもっていますか？」と聞いたのである。

その結果、大人の判断はまさにラマルキズムに沿っていた。属性が役に立つと伝えられると、あるいは役に立つことが暗示されると、育ての親をより選択しやすくなったのである。つまり、機能を果たすために獲得された形質は、その子孫にも受け継がれていくという判断が認められたのである。

●目的論

属性の機能性は幼児においても大人においても、その遺伝しやすさを判断する際に重要なポイントとなっていることがわかる。ただし、その方向は異なっており、属性が機能的だと伝えられると幼児は遺伝しやすいと判断し、大人は経験の中で獲得され、さらにそれが次の子孫にも伝えられていくと判断した。遺伝や適応に関する知識を幼児は十分にはもち合わせていないことが、この背景にあると考えられる。幼児については機能性に関する情報を付加した条件と棲息地に関する情報を付加した条件とで判断結果が異なったことも、幼児が十分な知識をもたないことを示唆している。一方、大人は棲息地に関する情報だけで属性の潜在的機能を推測できるため、条件間の相違が認められなかったのだろう。

幼児と大人とではこうした差異があったものの、どちらの場合でも機能性の有無が遺伝しやすさの判断を分けた。生き物や事物の属性をゴールや目的、あるいは機能に基づいて考えることは目的論的推論（teleological reasoning）と呼ばれており、これまで、遺伝に限らずさまざまな生命現象について認められている。たとえば、イスラエルの高校生は「雨の降らない夏でも生存できるよう常緑樹は根を深くはる」や「南極の寒さから守るためにシロクマの毛は厚くなった」など、目的論に基づく説明を生物学的に適切な説明と見なす傾向にある（Tamir & Zohar, 1991）。また、アメリカの大人（大学生）は家畜動物（ウシなど）や植物、動物の部分（鳥のくちばしなど）について「Xは、何のためにあるのか?」（What's the X for?）と問われると、頻繁に目的論的説明を産出する。たとえば、「植物は酸素を作り出すためにある」などと説明するのである（Kelemen, 1999）。ただし大人に比べて幼児の方が、対象のジャンルを問わず「無差別に」目的論を適用する傾向があることも指摘されている（Kelemen, 2012）。アメリカの四～五歳児は「山は登るためにある」や「雲は雨を降らせるためにある」など、自然物についても目的と関連づけて説明する傾向が強いのである（Kelemen, 1999）。

4　進化に関する誤概念

●生物学者の判断

ここまで大人といっても、生物学には素人の大人の判断について見てきた。クリーとマーブの実験において、大人（大学生）は機能的な情報や棲息地に関する情報が付加されると、育ての親を選択しやすくなったが、この反応パターンは科学的には正しくない。

　この研究では、アメリカ中西部にある大学の生物学部に所属する生物学者一七名にも同様の課題を実施した（Ware & Gelman, 2014, Study 6）。対象者の平均年齢は四一歳で、男性七名と女性一〇名、全員が生物学あるいはその関連分野の博士号を取得していた。生物学者の判断は、いたってシンプルであった。どのような情報を付加しようと、一貫して生みの親を選択したのである。育ての親を選択するという判断は全反応のわずか一・七パーセントにすぎなかった。つまり、生物学者にとって、身体的な属性はそれが機能的であろうとなかろうと、誕生後の環境の中で変化することはないのである。

●変異と変形

　進化に関する大人の誤概念は、これにとどまらない。前述のシュトゥルマンは、ハーバード大学のサマースクールに参加していたアメリカの高校生（一部、短大生も含まれる）を対象として、進化に関する理解を検討した（Shtulman, 2006）。対象となった高校生四五名のうち七六パーセントはダーウィン進化論を知っており、九六パーセントが「種は時間の経過とともに変化してきた」という考え方に同意していた。「神がすべての生物種を創造した」という創造説を信じていたのはわずか二名（四パーセント）だった。この研究では、変異、遺伝、適応、飼育栽培、種の分化、種の消滅、以上六つの現象について説明を求め、得られた回答を変異説と変形説の観点から評

表5-1　進化に関連する現象に対する，変異説・変形説の解釈

	変異説	変形説
変異（個体差）	個体差は選択（淘汰）を可能にするものである	個体差はたいした問題でなく，適応にも関係しない
遺伝	特性が遺伝するかどうかは，その起源によって決まる	特性が遺伝するかどうかは，それがどれだけ適応的価値をもつかによって決まる
適応	生存力と繁殖力の差異が，適応を生じさせる	生存力と繁殖力の差異は，適応には関係がない
飼育栽培	選択的な飼育栽培を通して，種の家畜化が進む	各個体が変化することにより，種の家畜化が進む
種の分化	すべての種が共通の祖先をもっている	近い種だけが共通の祖先をもっている
種の消滅	種の消滅は適応より，広く見られる現象である	適応は種の消滅より，広く見られる現象である

（出典）　Shtulman（2006），Table 1。

定・分析した。

変異説では進化を生存力と繁殖力を高める変異（個体差）が自然選択によって残り、遺伝する形質が変化していくと説明する一方、変形説では、各個体がより適応的になるよう変化することと説明する（図5－1を参照のこと）。それぞれの立場に立つと、六つの各現象に対する解釈は表5－1のようになる（Shtulman, 2006）。アメリカの高校生はどの現象についても、変形説に沿った考えをもつ者が多かった。また、一つの現象について変形説に沿った考えをもっていた者は他の現象についても変形説に沿っていた、すなわち対象者個人の中で内的整合性をもっていることも示された。進化に関する誤概念は強力であり、大学の講義で進化学を学んだ後でも、アメリカの大学生の多くが誤概念をもち続けることも示されている（Shulman & Calabi, 2013）。

幼児は生き物の生存に役に立つ属性は遺伝しやすいと考え、大人は環境の中で獲得されやすいと考える。さらに大人は、環境に応じて獲得された属性は次の世代に受け継がれていく、すなわち遺伝するとも考えている。属性の機能性に着目するというアイデアは、歴史上の進化思想にも認められている。これらのことを踏まえると、自然選択という発想がいかに常識にとらわれない、斬新なものであったかがよくわかる。

本章冒頭の五歳の子による「つぶやき」、ハワイで結婚式を挙げた両親から生まれた子は、なぜ外国人ではないのか。近年の研究結果では、アメリカの五歳児は人種が遺伝的に決定されることに気づいているという。アメリカのような多民族国家では、子どもは日常的にさまざまな人種の人々に囲まれているが、日本ではそうとはいえない。日本のような環境で育つ子どもは、人種の遺伝可能性をどのように理解しているのだろうか。異なる人種の人々を目にする機会が日常的に少ないので、「ハワイで結婚式をあげればその子どもは白人あるいは黒人になる」と考えているのだろうか。日本の子どもを対象とした研究結果を見てみたい。

第6章　死

［質問六二］
谷川さんは大切な人が亡くなったとき、
どうやって乗り越えてきましたか？
［谷川さんの答］
その人のカラダが消え失せても、その人の見えない波動は
死後も自分の身近に残っていると信じて、
生前と同じようにその人の実在を受け入れ、
繰り返しその人のことを心に思い起こす。
コトバにするとそんなふうにしていたようです。
……（略）
（谷川俊太郎『星空の谷川俊太郎質問箱』
一五八～一五九ページ）

1　死の生物学的理解

●死の不可避性、普遍性、因果性、不可逆性

生き物であれば、死を避けることはできない（不可避性）。死は例外なく訪れるものであり（普遍性）、そこには病気や老化といった原因がある（因果性）。そして死はすべての生命機能を停止させ、一度死んだら元には戻らない（不可逆性）。キリスト教では死者は復活するとされるが、現実には、少なくとも生物学的には死者が復活することはない。

発達心理学では、上記の各要素を子どもがいつ理解するようになるかが検討されてきた（Brent & Speece, 1993; Speece & Brent, 1984, 1996）。研究によって結果が一致しないこともあるが、おおまかにいえば就学前までに、ある程度の理解がつくられる。第2章「成長と老化」でも触れたが、生き物に関する理解で難しいことは、植物を動物と同じように生き物として認識することにある。生き物かどうかを判断する際、対象の動きが重要な手がかりになるが、植物は動かないからである。生動くとしても、非常にゆっくりであるため通常は知覚できない。これに加えて以下の点も、植物を「死ぬもの」として認識することを困難にさせている（Nguyen & Gelman, 2002）。

まず、植物の中には寿命が非常に長いものがある。屋久島の縄文杉は推定樹齢が二〇〇〇年を超えるといわれている（七〇〇〇年を超えるという説もある）。「杉は死なない」といってもよいく

らいである。しかも、植物は生きている限り成長し続ける。そのため、「高齢」という概念があてはまらない。さらに、一つの個体が生活反応のない（「枯れている」）一部を抱えたまま、生きている場合もある。盆栽では部分的に朽ちた部分を「神」あるいは「舎利」というようだが（これがあると盆栽の価値が高まるらしい）、そのようなことは、通常、動物についてはありえない。また、植物の中には私たちが「殺そう」といくら働きかけても、死なないように見えるものもある。たとえば、雑草は薬剤をかけても、鎌で刈っても、むしっても、なかなか絶えてはくれない。そして植物は、冬が近づくと生命活動をいったん停止させ、春になると再開させているようにも見える。まるで一度死んだ者が「復活」したかのようである。このように考えると、植物を動物同様、「死ぬもの」として認識することがいかに困難であるかがわかるだろう。

では、子どもはいつから植物の死を理解するようになるのだろうか。生き物の中でもとくに植物に焦点をあてた研究を紹介したい（Nguyen & Gelman, 2002）。この研究では、アメリカの四歳児、六歳児、大人を対象として、死の概念を構成する要素、すなわち不可避性、普遍性、不可逆性、因果性について、以下のような質問を行った。

① 不可避性：花（草、木）はいつか死ぬと思う？　それとも花（草、木）はずっと生きていると思う？　それはどうして？

② 普遍性：花（草、木）はみな死ななければいけないものなの？　それとも、ずっと生きて

いる花（草、木）もあるのかな？　それはどうして？

③　不可逆性：花（草、木）が死んだ後、それとまったく同じ花（草、木）が生き返ることはあるのかな？　それとも一度死んだら、ずっと死んだままなのかな？　それはどうして？

④　因果性：

i　花（草、木）は病気が原因で、死ぬことがあるのかな？

ii　花（草、木）はお日様の光や水が足りなかったことが原因で、死ぬことがあるのかな？

iii　花（草、木）は人がとったり切ったりしたことが原因で、死ぬことがあるのかな？

iv　花（草、木）はすごく年をとったことが原因で、死ぬことがあるのかな？

v　花（草、木）は自分でそうしたいから、死ぬのかな？

vi　花（草、木）が死ぬのに、人は必要なのかな？

以上の質問に対する正しい反応は、③と④のvとviを除いて「はい」である。図6－1に普遍性、不可避性、不可逆性、因果性に関する正しい反応の比率を示した。四歳児はいずれについてもあまり高くない。しかし、六歳児になると大人とほぼ同程度になることがわかる。図6－1には示されていないが、花、草、木による正反応率を比較したところ、花と木については高かったものの（全年齢グループをあわせて約七〇パーセント以上）、草についてはそうとはいえなかった。とりわけ不可逆性については、六〇パーセント程度の正反応率にとどまった。抜いても抜いても生

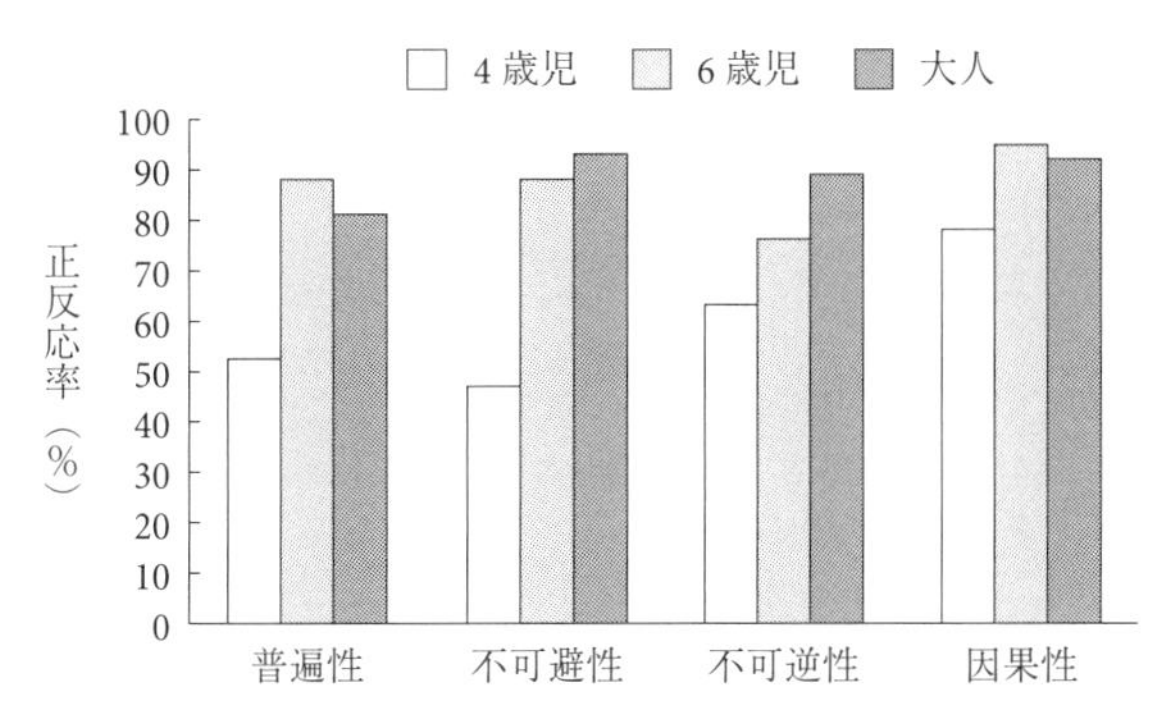

図6-1　普遍性，不可避性，不可逆性，因果性に関する正反応率

（出典）　Nguyen & Gelman（2002），Fig. 1 より作成。

えてくる雑草のイメージが強かったのかもしれない。

●動物と植物対人工物

このように、植物の死に関する理解は六歳頃までには獲得されるようだが、この頃までに、動物と植物は死ぬ運命にあること、しかし人工物はその限りではないという区別も明確になる。植物の死の概念を検討した先の研究では、動物、植物、人工物が混じった絵のセットを提示し（たとえば、木、花、爪、フォーク、アリ、鳥）、次のことがあてはまるものを選んでほしい（指差してほしい）と教示した。「いつかは死ななければならないもの」（普遍性／不可避性）、「死んだ後も、ずっと死んだままのもの」（不可逆性）、そして「人が傷つけたら、死ぬかもしれないもの」「病気にかかったら、死ぬかもしれないもの」「十分な量の食べ物や水がなかったら、死ぬかもしれないもの」など（因果性）である。正しい反応は、先のセットであれば「木、花、アリ、鳥」を選び、「爪、フォーク」は選ばないというパターンになる。

四歳児も六歳児も、もちろん大人も、死の普遍性／不可避性、不可逆性については人工物を選びにくかった。人工物は「いつかは死ななければならないもの」でもないし、「死んだ後もずっと死んだままのもの」ではない。一方、生き物である植物と動物についてはどちらもあてはまると答える傾向があった。人工物と生き物に対する反応の相違は、大人について最も大きかった。つまり、大人はこれらの点について人工物と生き物を子ども以上により明確に区別していたのである。一方、因果性については、年齢差がより明瞭に示された。人工物を選びにくいことはどの年齢でも同様であり、幼児でも人工物を「人が傷つけたら」「病気にかかったら」「十分な量の食べ物や水がなかったら」死ぬものとは考えていなかったが、四歳児は植物と動物についても、六歳児は植物についても因果性を否定する傾向があったのである。つまり、幼児は因果性の点で生き物と人工物を明確には区別しなかったのである。このように、幼児期における死の理解はけっして盤石ではない。

●死と眠り

こうした脆弱性もあって、幼児期における死の理解の不十分さを指摘した研究は少なくない。たとえば、一九八〇年代前半までの研究を概観したケアリー（Carey, 1985/1994）は、就学前児は「死を眠りと同様に、目を閉じて動かないことと結びつけるけれども、機能の停止全体を把握してはいない。彼らは死の原因も理解していない」（Carey, 1985/1994、翻訳書七八ページ）と述べている。また、幼児は死者にも生命や意識があると考え、死を眠りと同じように考えているとも指摘されていた（Nagy, 1948）。

幼児は本当に死と眠りを区別していないのだろうか。死んだ状態と眠っている状態は、たしかに見かけの点ではよく似ている。目は閉じられており、身体は動かない。病気や老衰による死では、眠りから死へと移行する場合もあるが、どの時点で死に移行したかは、見かけだけでは判別できないこともある。

社会文化的背景がまったく異なる子どもたちを対象として、死と眠りに関する理解を検討した研究を紹介したい。この研究では、幼児（三～五歳児）に対して、課題の主人公が眠っている／死んだストーリーを提示し、その主人公が生物属性をもつかどうか判断を求めた（Barrett & Behne, 2005）。ストーリーの主人公はヒトの場合と動物（ニワトリ、ライオン／ジャガー）の場合があった。以下が課題例である。

①　ヒトの眠り課題：この女の人は一日中よく働き、よく歩きまわりました。夜になりました。彼女はとてもとても疲れています。彼女は横たわり、寝ています。

②　ニワトリの眠り課題：このニワトリは一日中よく歩きまわりました。夜になりました。このニワトリはとてもとても疲れています。ニワトリは横たわり、寝ています。

③　ヒトの死課題：この男の人は森の中を歩いていました。するとライオンが出てきて、この男の人を噛みました。ライオンはこの男の人をたくさん噛んだので、男の人は死にました。この男の人はいま死んでいます。

④　ニワトリの死課題：この女の人はコックさんです。彼女はこのニワトリを食べたいと思いました。そこで、このニワトリの首をナイフで切りました。ニワトリは死にました。このニワトリはいま死んでいます。

以上を伝えた後、各主人公がⓐ「生きているか、死んでいるか」、ⓑ「動くことができるか」、ⓒ「心配な気持ちになるか」、ⓓ「あなた（実験対象者）を傷つけることはできるか」、ⓔ「もしあなたが歩きまわり、音を立てたとしたら、あなたが近くにいることに気づくことができるか」、ⓕ「もしあなたが触ったら、動くことができるか」、それぞれについて判断を求めた。

実験対象者は、ドイツと南米アマゾン・エクアドルのシュアール族の子どもたちである。シュアール族は狩猟採集民族で、研究が行われた当時、ちょうど貨幣経済に移行しようとしている時期だった。アマゾンの森林地域に居住し狩猟を営んでいることから、シュアール族の子どもたちは、日常的に生きている動物にも死んだ動物にも出会う機会が多い。一方、ドイツの子どもたちは日本と同様、ペットとして飼育されている動物はいるとしても、また動物園で見ることはあっても、動物の死に触れることはめったにない。こうした相違により、シュアール族の子どもたちの方がドイツの子どもたちよりも、死と眠りをより明瞭に区別している可能性がある。しかし、文化差は認められなかった。ドイツの子どもたちもシュアール族の子どもたちも、同じ年齢で比較した場合、正反応率は同程度であった。三歳児は五〇～六〇パーセント程度、四、五歳児になると七〇～八五パーセント程度という年齢差も両文化に共通していた。また、ストーリーの主人公がヒトでも動物でも結果に相違がなかったことも共通していた。

年齢が上がるほど正反応率が増加したことは、経験とともに死に関する理解が徐々に作られていくことを示している。一方、文化差が認められなかったことは、経験による影響がさほど大きくないことも示唆している。経験が大きな影響を及ぼすのなら、動物の生死を間近で経験しているシュアール族の子どもの方が、ペット程度の経験しかないドイツの子どもより、ずっと正しい理解を示してもよいはずだからである。これらをふまえると、死と眠りに関する区別は生得的に認知のデフォルトとして備わったものであるともいえるかもしれない。動物の生死はヒトの生存にとって重要な意味をもつことから、経験に左右されず発達するよう設計されているのかもしれない。

2　死後の世界

●死者の属性

死の生物学的理解は就学前後には獲得される。生物学的には死は不可逆的であり、死者が生き返ることはない。しかし、私たちの身のまわりには、死者をまるで生きているかのように扱う風習が数多く残されている。お盆の迎え火は、先祖が迷わず家に戻ってこられるよう目印として火を焚くものである。ナスやキュウリを使った「精霊馬」や「精霊牛」は、先祖が行き帰りに乗るものとしてつくられる。仏教やヒンドゥー教の輪廻転生では、死んだ後も生き返るとされているし、キリスト教でも人は死後、審判にかけられ復活するとされている。

実際のところ、死の不可逆性を理解している一方で、「死者は生き返る」と信じている人も少なくない。キリスト教信仰の強いアメリカで、大人（一八～五〇歳、このうち四六パーセントがキリスト教徒）を対象とした研究（Brent & Speece, 1993）では、約半数（四五パーセント）が「死者は生き返る」という考えを肯定した。また、「死者に水を飲ませたなら」「死者に食べ物を与えたなら」「死者に向かって呪文を唱えたなら」「死者に何か薬を飲ませたなら」という各条件のもとで「死者は生き返る」かどうか判断を求めたところ、すべての条件で「生き返らない」と判断した者は四四パーセントと、半数程度であった。アメリカ人の半数以上は、何らかの条件のもとでは死者の復活があると考えているのである。

「死者の生き返り」を信じる心は、幼児より大人において強い。同じ質問を、アメリカの幼稚園年長児～三年生（五～一〇歳児）に行った研究がある（Speece & Brent, 1992）。対象となった子どもたちの宗教的背景について記載はなかったが、都市部でない地域に居住する、労働者階級の白人の子どもたちであった。実験の結果、子どもたちの九三パーセントが「死者は生き返る」を否定し、またすべての条件で否定した者も六九パーセントであった（大人では四四パーセント）。なぜ、大人の方が、科学的とはいえない信念をもつ人が多いのだろうか。その背景には、蘇生医療の進歩により、脳波が停止した後でも心臓の鼓動が実際に復活する場合があることも関係しているだろう。実際、判断理由について説明を求めると、少なからずの大人が心肺蘇生などに言及した。とはいえ、キリスト教をはじめ、さまざまな宗教で死後の世界が信じられていることの影響も大きいと考えられる。

死後の世界を信じることは信仰と強い関連性がある。イギリスの四～一一歳児と大人（一八～六六歳）を対象とした研究では（Panagiotaki et al., 2018）、不可逆性、普遍性といった要素（前述の通り）に関する子どもの理解を検討した。対象となった子どもの約半数（四八パーセント）は、家族が信仰をもっており、そのうち七三パーセントがキリスト教、残りがイスラム教、ヒンドゥ教、仏教、ユダヤ教であった。

実験の結果、死後の世界を肯定することは、子どものＩＱや社会経済的地位とは関連がなく、しかし、家族の信仰とは強い関連性があった。家族が信仰をもたない子どもの場合、二一パーセントしか死後の世界があると判断しなかったが、信仰をもつ場合には七六パーセントに上ったのである。キリスト教やイスラム教を信仰する親は子どもに「永遠の生命」や「天国」「キリストの復活」について語って聞かせており、こうした経験の中で、死者の生き返りや死後の世界に関する信念がつくられていくのだろう。

日本は海外諸国に比べ宗教を信仰していない人が多い。インド、トルコ、アメリカ、イタリア、タイ、台湾、ロシア、日本で二〇一五年に実施された調査（川端、二〇一六）では、「宗教を信仰している」と答えた人は、日本では一四・五パーセントだったが、他の国々・地域では五九・八パーセント（台湾）～八七・九パーセント（トルコ）だった。日本は無宗教なのだから死後の世界を信じる人も少ないと思われるかもしれない。しかし、日本版総合的社会調査（Japanese General Social Survey）によれば、「死後の世界」を否定した人は、二〇〇〇年（調査対象者二八九三名）、二〇〇一年（調査対象者二七九〇名）、二〇〇八年（調査対象者二〇六〇名）の調査において、いずれも三〇パーセント程度にとどまった。それぞれ残りの二〇パーセント程度が「死後の世界を信じますか」という問いに「はい」と答え、五〇パーセント程度が「わからない」と答えたのである。

無宗教とはいえ、お墓参りやお盆、神社仏閣の参拝など、先祖だけでなく「神様」や「仏様」の存在を前提とした風習はいまでも残っており、こうした経験が理解に影響しているのかもしれない。しかし、死後の世界をどのような世界として描くのか、その詳細は地域によって、宗教によって異なるものの、死後の世界をあると見なすことは普遍的であり、死者の生き返りを信じることはヒトに本来的に備わったもの、ヒトの本能といえるかもしれない。

●赤ちゃんネズミ

死後の世界を肯定するといっても、生きていたときの身体そのままをもつ者として、死んだ後もどこかの異世界で生き続けると信じられているわけではないだろう。死者は、どのような属性をもって生き続けると考えられているのだろうか。

ここで、「死んだ赤ちゃんネズミ」について判断を求めた研究を紹介したい（Bering & Bjorklund, 2004）。対象となったのは、アメリカの年長児（五～六歳）、五～六年生（一〇～一二歳）、大人（大学生）である。この研究では、以下のストーリーを人形ショーとして演じてみせた。

（人形を見せながら）これは本物のネズミではないよ。こっちも本物のワニではないよ。だけど、本物のネズミ、本物のワニだと思ってね。

ある日、赤ちゃんネズミは森の中を散歩していました。赤ちゃんネズミは散歩しながら、いろいろなことを考えました。弟といつも喧嘩をすること。だから、自分はどれだけ弟に腹を立てているかと考えました。時々、一人っ子だったらどれだけよかったことか、弟のことで困らされることもなかったのに、とも考えました。赤ちゃんネズミのお母さんは、赤ちゃんネズミのことを頭が良い子だといつも言ってくれました。だから、自分は弟より頭が良いんだと思っています。赤ちゃんネズミは、弟は今ごろ何をしているのかな、どんなことを考えているのかな、とも思いました。

赤ちゃんネズミは食べ物についても考えています。一日中何も食べていなかったので、とてもお腹が空いています。そこで、草を食べてみようと思いました。草を一口かじってみたのですが、とてもまずくて、吐き出してしまいました。赤ちゃんネズミは、喉も渇いていました。でも池の水はとても汚いから、池の水を飲みたいとは思いませんでした。赤ちゃんネズミの周囲では鳥が大きな声で鳴いていました。赤ちゃんネズミは鳥のさえずりを聞きました。赤ちゃんネズミは迷子になってしまい、家に帰りたくて仕方がありませんでした。赤ちゃんネズミはとても悲しい気持ちです。いま、自分がどこにいるのかもわかりません。ちょうどそのときです。赤ちゃんネズミは不思議な音を聞きました。草むらが動いています！　一匹のワニが草むらから飛び出して、赤ちゃんネズミを食べてしまいました。赤ちゃんネズミはもう生きていません。

この後で、死んだ赤ちゃんネズミが次の属性をもつか判断を求めた。①生物属性（食べ物を食べる必要があるか、脳はまだ働いているかなど）、②心理生物学的属性（まだ喉が渇くか、まだお腹がすくかなど）、③知覚（まだ鳥のさえずりを聞くことができるか、草を食べてまだまずいと感じるかなど）、

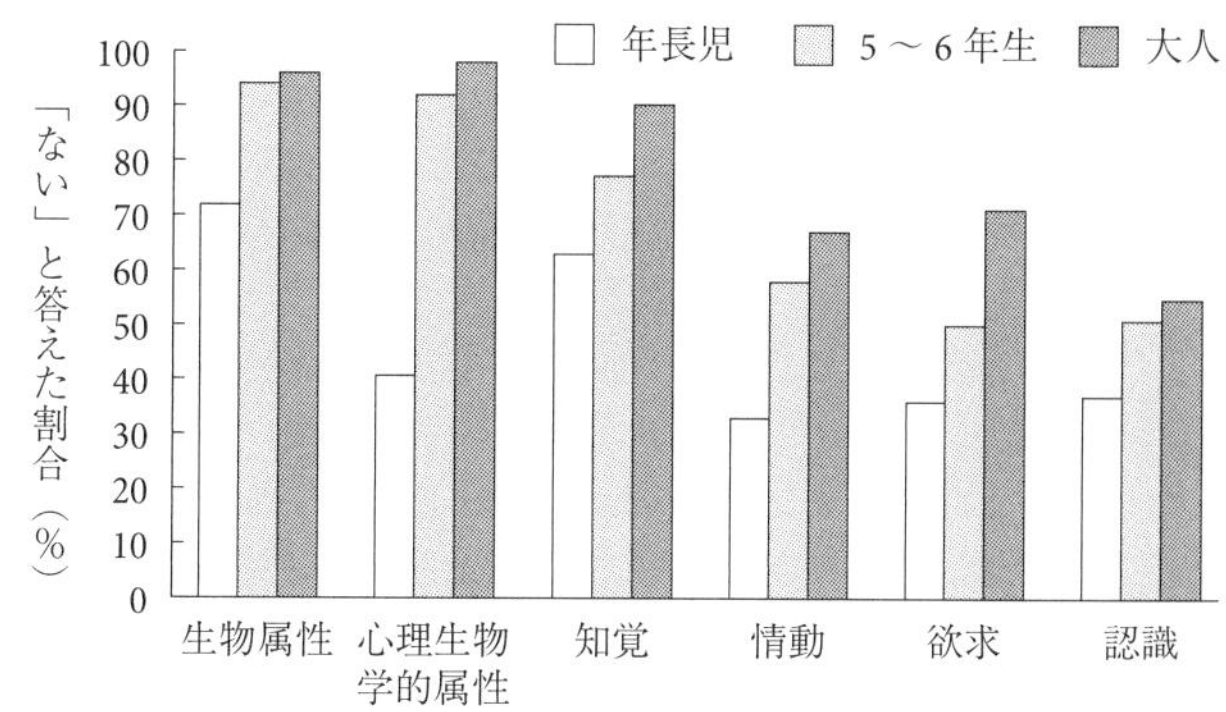

図6-2　死んだ赤ちゃんネズミには「ない」という判断の結果

（出典）　Bering & Bjorkhund（2004），Fig. 2 より作成。

④情動（迷子になって、まだ悲しいと思っているか、弟にまだ腹を立てているかなど）、⑤欲求（一人っ子だったらよかったのにと、まだ願っているか、まだ家に帰りたがっているかなど）、⑥認識（弟のことをまだ考えているか、弟より自分の方がまだ頭が良いと思っているかなど）である。

図6－2に、各属性タイプについて「死んだ赤ちゃんネズミにはない」とする判断の比率を示した。全体的な傾向としては、年齢が上がるほど「ない」という反応が多くなっている。つまり、年齢が上がるとともに、死んだ時点で、食べ物を必要としなくなるし、喉も渇かなくなるし、鳥のさえずりを聞くことも、悲しいと思うことも、一人っ子だったらよかったのにと願うことも、弟のことを考えることもできなくなるという判断が増えていく。一方、属性タイプによる相違があることもわかる。生物属性はどの年齢でも「ない」という判断が多い。五～六年生と大人になると、生物属性だけでなく、心理生物学的属性も知覚も「ない」が多くなり、八〇パーセン

トを超えた。しかし、情動、欲求、認識については、どの年齢でも、大人においてさえ「ない」という判断が相対的に少ない。つまり、死んだ赤ちゃんネズミは食べ物を必要としなくなるし、喉も渇かなくなるし、鳥のさえずりも聞けなくなるが、悲しいと思うことや、一人っ子だったらよかったのにと願うこと、さらに弟のことを考えるといった心の働きは死後も存続し続けると考えられていたのである。

同様の課題をスペインの五〜六歳児、八〜九歳児、一一〜一二歳児に実施した研究（Bering et al., 2005）でも、年齢が上がるほど「ない」という判断が増えること、またどの年齢グループでも、生物属性、心理生物学的属性、知覚は「ない」という判断が多く、情動、欲求と認識については少ないことが示された。スペインの研究では、対象者の約半数はキリスト教の宗教学校に通っており、もう半数は宗教教育を行わない普通の学校に通っていたが、宗教学校の子どもの方が「死後も存続し続ける」という反応が若干多かった程度で、両者の差はさほど大きくなかった。

●交通事故に遭った男

「死んだ赤ちゃんネズミ」とは異なる課題を用いた研究でも、同様の結果が認められている（Bering, 2002）。対象者はアメリカの大人（一七〜三六歳）であり、「ものすごく疲れた状態で車を運転していた男」を主人公とするストーリーを提示した。主人公は妻の浮気を疑っており、前の晩、妻は深夜まで帰ってこなかった。主人公は妻のことをとても愛しているのに、どうしたらよいのだろうとひどい気分であった。そんなときに運転操作を誤り、事故を起こし、救急医療隊員の努力もむなしく、死んでしまったという内容であった。

実験では、この男が死んだ後も生物属性（まだ食べ物が必要かなど）、心理生物学的属性（まだ空腹を感じるかなど）、知覚（救急医療隊員が話をしているのを、まだ聞くことができるかなど）、情動（妻にまだ腹を立てているかなど）、欲求（まだ生きていたいと欲しているかなど）、認識（妻は自分のことを愛していると、まだ信じているかなど）があるか、判断を求めた。この他に、死後の世界に関する信念や死に対する恐怖を問う尺度（「人々が死について話しているのを聞くと、嫌な気持ちになる」や「死後の世界の存在を示す多くの証拠がある」など）も実施した。

その結果、生物属性、心理生物学的属性、知覚については「ない」とする判断が多かった。つまり、死と共にこれらの属性は認められなくなると考えられていた。しかし、情動、欲求、認識については死後も存続し続けるとする判断が多かった。この研究では対象者を、死後の世界に関する考え方によって「消滅論者」（死によって身体も魂も消滅する）、「輪廻転生論者」（人は死後、生まれ変わる）、「不可知論者」（死後の世界の存在は証明も反証もできない、不可知である）、などに分け、結果を比較した。その結果、消滅論者ですら情動、欲求、認識については約二〇〜三〇パーセントが存続し続けると回答した。ちなみに、輪廻転生論者はほぼ一〇〇パーセントが情動、欲求、機能を存続し続けるとし、生物属性と心理生物学的属性については、八〇パーセント以上が死とともに認められなくなるとした。

3　ヒトらしさ

●胎児の属性

死者に関しては、年齢、文化、信仰にかかわらず、生物属性や心理生物学的属性、知覚は死によって失われても、情動や欲求、認識は存続し続けると捉えられていた。これと同じ捉え方が、胎児についても認められている。

そもそも、子どもは胎児というものをどのような存在と見ているのだろうか。妊娠に関する正しい理解は、就学後、具体的には七～一〇歳の間に形成される。アメリカの五～一二歳児を対象とした研究（Berends & Caron, 1994）では、性交渉によって妊娠することや産道を通って生まれることに幼児は気づいていないことが報告されている。しかし六歳児でも、妊娠に父親と母親が必要であることや赤ちゃんが母親のお腹の中で徐々に大きくなること、そしてそこから出てくるという程度の理解はあった。それでは、母親のお腹にいる間の期間、生まれる前の赤ちゃんはどのような存在として認識されているのだろうか。

幼児期から児童期の子どもたちを対象として、生まれる前の赤ちゃん（胎児）と生まれた後の赤ちゃん（乳児）の属性について質問した研究がある（Emmons & Kelemen, 2014, 2015）。研究では、図6－3の絵を提示した。左側は妊娠する前の女性、中央はお腹が大きくなった女性、そして右

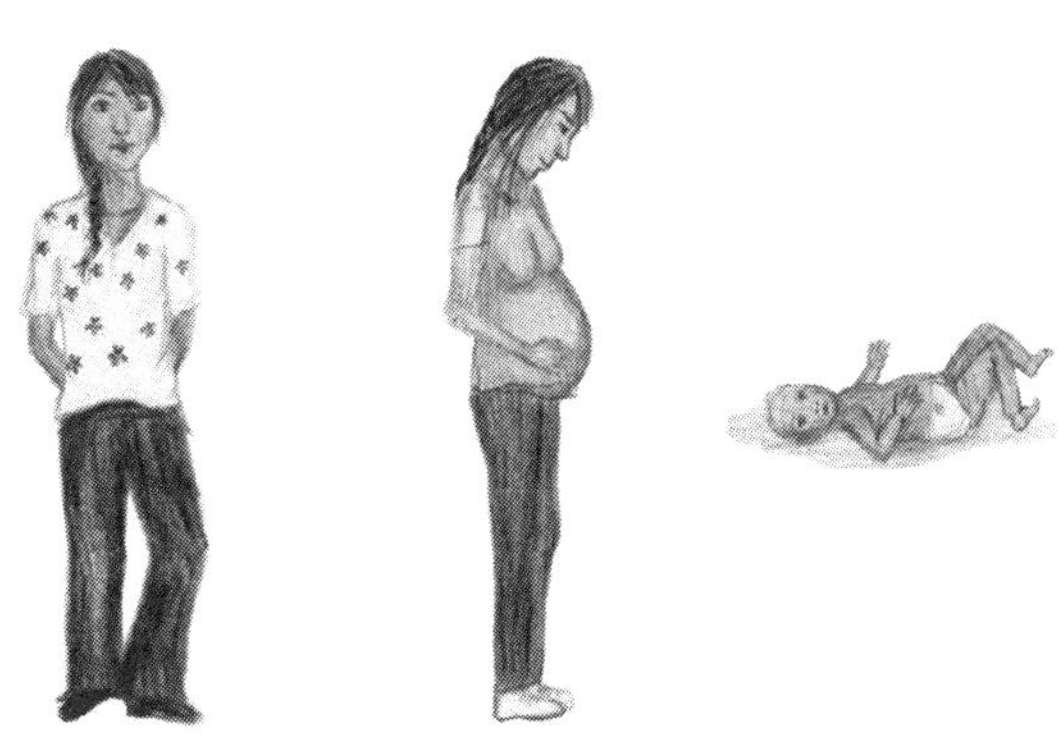

図 6-3　胎児に関する理解の実験で使われた絵

（出典）　Emmons & Kelemen（2014），Fig. 1 より許諾を得て掲載。

側が生まれた後の赤ちゃん（乳児）である。これを見せながら、次のように教示した。

この絵を見てください。この絵はあなたの家族を描いたものではありませんね。でも、この絵はあなたとあなたのお母さんを描いたものだと思ってください。（右側の赤ちゃんの絵を指差しながら）この絵は、生まれたばかりのあなたです。この赤ちゃんがあなた自身であると想像できますか？　それはずっと前のことですね。（中央の妊娠している女性の絵を指差しながら）この女の人はあなたのお母さんです。ちょうどあなたを妊娠しているところです。これは（中央）、これ（右側）よりも前の時期になりますね。

（左側の女性の絵を指差しながら）これは、あなたを妊娠する前の、あなたのお母さんです。あなたがお母さんのお腹の中にいる前ということです。これ（左側）は、これ（中央）より前の時期になりますね。わかりますか?

以上を伝えた後で、「あなたが赤ちゃんであった時期」(右側の絵)と、「あなたがお母さんのお腹の中にいた時期」(中央の絵)についてそれぞれ、死者に関する研究同様、次の六タイプの属性をもっていたか判断を求めた。①生物属性(目は見えているか、心臓は動いているか)、②心理生物学的属性(喉が渇くか、お腹が空くか)、③知覚(ものを見ることができるか、音を聞くことができるか)、④情動(悲しいと思うか、幸せだと思うか)、⑤欲求(何かを欲しいという気持ちがあるか、何かを願う気持ちがあるか)、⑥認識(何かを考えることができるか、何かを覚えることができるか)。

対象となった子どもたちは、エクアドルの都市部に住む子どもたち(七〜一二歳児)と、死に関する理解を検討した研究でも登場したアマゾンの森林地帯で暮らすシュアール族の子どもたち(五〜一二歳児)であった。生活環境も、動物の死にまつわる経験もまったく異なると考えられる子どもたちを比較することで、環境あるいは経験が胎児に関する理解の形成にどのような役割を果たしているかを明らかにできるというわけである。

結果を図6-4に示した。上段が胎児、下段が乳児に対する属性帰属の結果である。まず気づくことは、都市部に住む子どもたちと、狩猟採集生活を送っているシュアール族の子どもたちとの間に大きな相違がないことである。胎児の身体的属性(生物属性、心理生物学的属性、知覚)については、シュアール族の子どもたちの方が「ある」という判断が若干少なかったものの、他につ

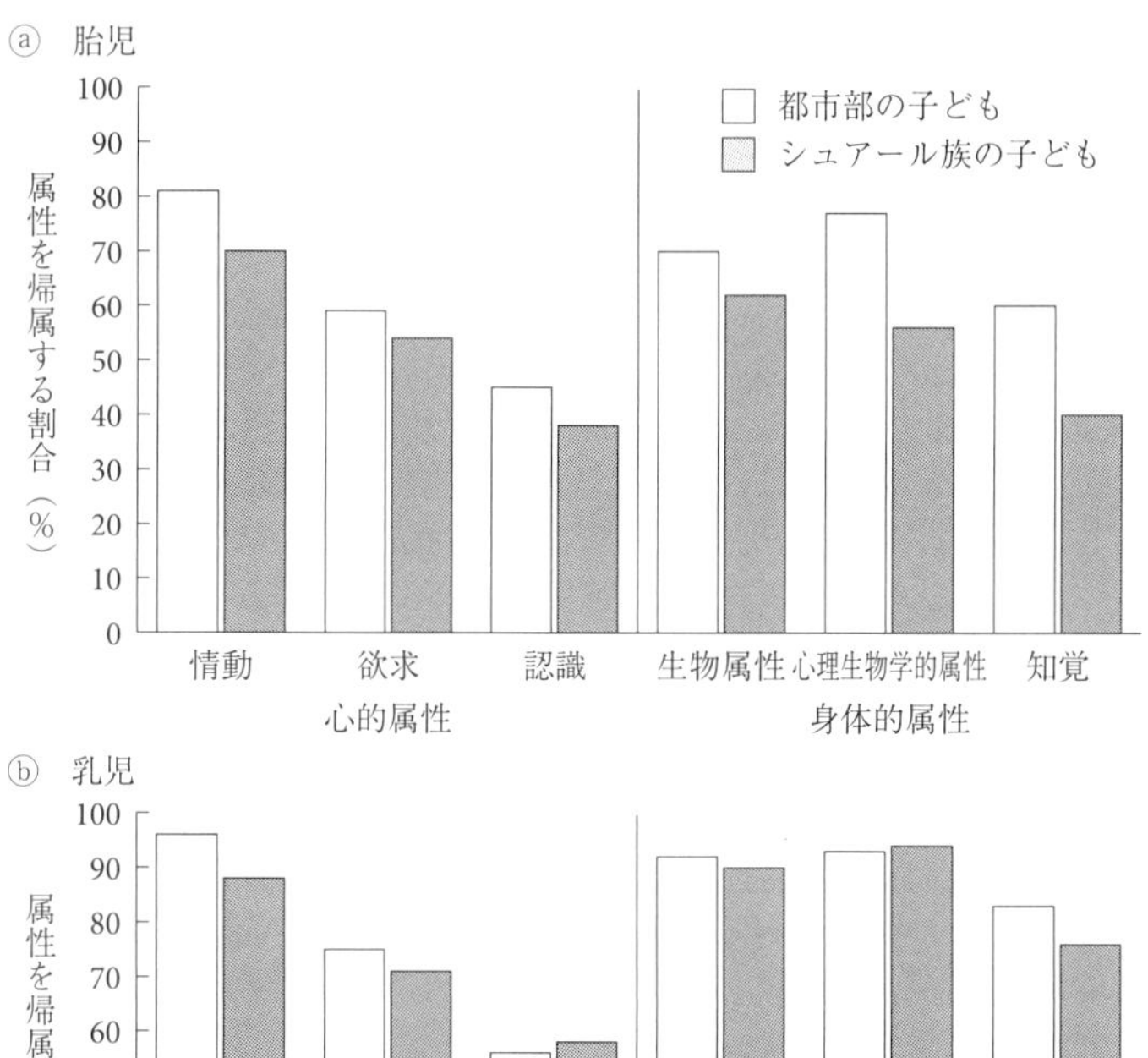

ⓑ 乳児
100
90
80
70
60
50
40
30
20
10
0
属性を帰属する割合（%）
情動
欲求
認識
生物属性
心理生物学的属性
知覚
心的属性
身体的属性

図 6-4　胎児と乳児に関する属性の帰属結果

（出典）　Emmons & Kelemen（2015），Fig. 2 より作成。

いては、ほとんど差が認められない。次に、心的属性の三タイプを比較すると、情動（八一パーセントと七〇パーセント）と欲求（五九パーセントと五四パーセント）は認識（四五パーセントと三八パーセント）より「ある」という判断が多かった。そしてこのことも、都市部の子どもたちとシュアール族の子どもたちに共通していた。さらに、胎児についても乳児についても共通していた。思考や記憶などの知的能力（認識）よりも、悲しみや幸せを感じる心（情動）、何かを欲したり願ったりする心（欲求）の方が、生まれる前から、そして生まれた直後もヒトに備わっていると見なされていたのである。年齢差については、年齢が上がるほど認識と欲求について「ない」とする判断が増える傾向が認められたものの、さほど大きいものではなかった。そして認識よりも情動と欲求について「ある」という判断が多かったことは、年少の子どもたち（五～八歳児）についても同様であった。

●不気味の谷と感じる心

ロボットや人形など擬人化された人工物に対する親和性は、ヒトとの類似性が高くなるにつれ高くなるが、あまりに高くなりすぎると逆に不気味さを感じるようになる（図６－５）。第１章でもふれたが、これを不気味の谷現象という（Mori, 1970）。対象物に感じる不気味さは、その対象物に情動や欲求を帰属する程度と関連がある。

アメリカの大人（平均年齢二五歳）を対象として、「デルタ・クレイ社製のスーパーコンピュー

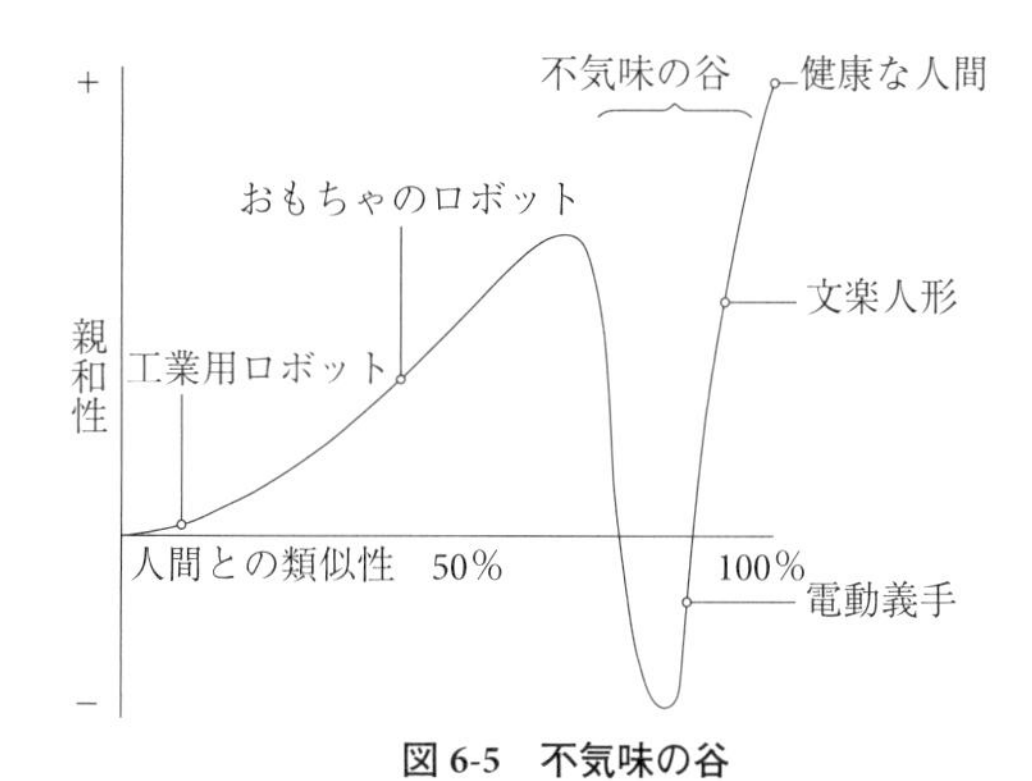

図6-5　不気味の谷

（出典）　Mori（1970），Fig. 2 より作成。

タ」に対する不気味さの評定を求めた研究を紹介したい（Gray & Wegner, 2012）。この研究では，スーパーコンピュータを「他の普通のコンピュータのようであるが，とても強力である」と紹介する条件（統制条件）と，「空腹や恐怖，さらに他の情動についても感じることができる」と紹介する条件（感情能力条件），そして「主体的に行為を実行でき，自分で行動を制御し，事前にプランを立てる能力をもっている」と紹介する条件（主体性条件）を設定した。実験の対象者はこのスーパーコンピュータに対する不気味さ（「落ち着かない」「うろたえる」「ぞっとする」）を評定するよう求められた。

結果を図6－6の左側（実験2）に示した。主体性条件のコンピュータに対する不気味さは統制条件と相違がなかったものの，感情能力条件では不気味さの評定がぐっと高くなっている。コンピュータという人工物が，空腹や恐怖，そしてさまざまな情動を感じる能力をもつと紹介されると，不気味さのレベルが格段に上がったので

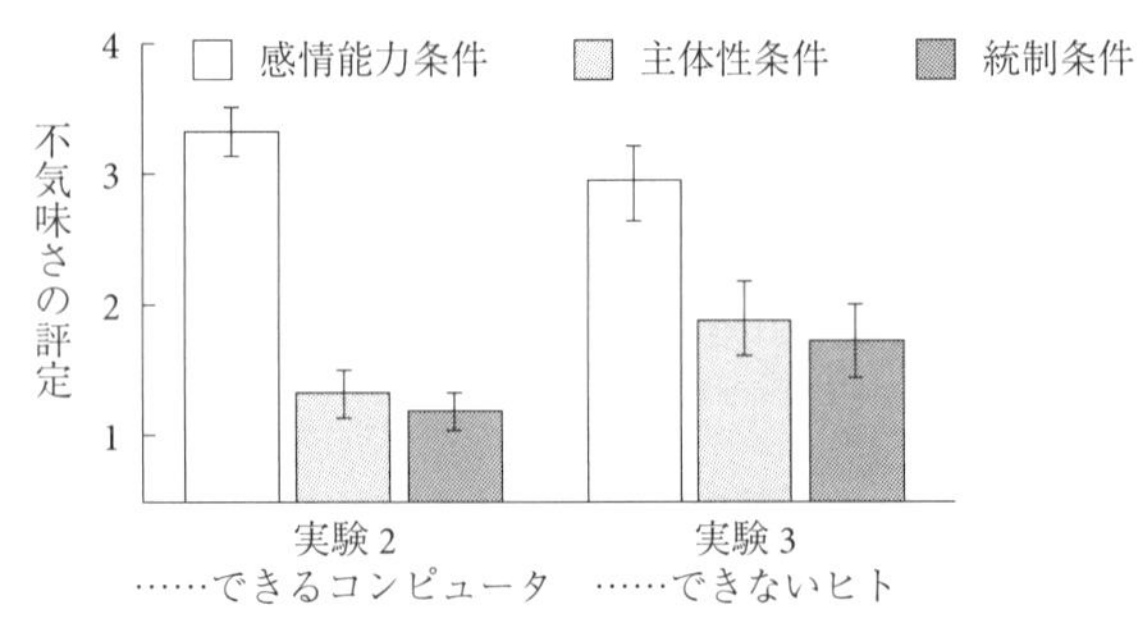

図6-6　ロボットとヒトに対する不気味さの評定

（出典）　Gray & Wegner（2012），Fig. 2 より作成。

ある。人工物に対して抱く不気味さは、擬人的な外見だけでなく、人工物に情動や欲求といった「感じる心」が備わっていると見る認識に由来することがわかる。

この研究ではさらに、ヒトに対する不気味さの評定も求めた。ただし、その際、「とても普通だ」と紹介する条件（統制条件）と、「他の多くの人々のように、痛みや喜び、恐怖などを感じることができない」（感情能力条件）、そして「他の多くの人々のように、プランを立てたり、目標を設定したりすることができない」（主体性条件）を設定した。スーパーコンピュータでは感情能力や主体性がある場合だったが、ヒトではそれらがない場合の不気味さを判断させたのである。結果を図6－6の右側（実験3）に示した。スーパーコンピュータに対して感じる不気味さの結果と同じ傾向が認められる。ヒトに対しては、感情を抱く能力が欠損していると紹介されると、不気味さがぐっと上がったのである。

生き物にとって死は避けられないものであり、一度死んだら生き返ることはない。幼児でも、この厳然たる事実に、ある程度は気づいている。その一方で、幼児も大人も死者の情動や欲求は死後も存続し続けると考えている。そして死後も消滅することのない情動や欲求は、誕生前の胎児にもあると考えている。しかし、人工物が情動や欲求をもつと伝えられると、その人工物をとたんに不気味だと感じるようになる。情動や欲求といった〝感じる心〟は、ヒトが誕生する前から備わっており、死んだ後も残り続け、その心をもたないヒトに対して、逆にその心をもった人工物に対して、不気味という感情が喚起される。

ヒトをヒトたらしめているもの、ヒトをヒトらしく感じさせるものの中核にあるものは、「悲しい」とか、「腹を立てる」とか、「幸せだと思う」とか、「家に帰りたいと願う」といった心なのである。本章冒頭、谷川さんのいう「その人の見えない波動」は、こうした心なのではないだろうか。

終章　生命現象に関する理解とヒトの認知の本質

本書では生命に関する理解を取り上げた。最後に、ここまで紹介してきた研究を認知発達研究の流れにあらためて位置づけ、生命現象に関する子どもの学びがどのようなものなのか、文化はどのような影響を与えるのか、そして大人の理解から見えてくるヒトの認知の本質についてまとめたい。

●生物・心理・物理領域の素朴理論

認知発達研究では、一九八〇年代以降、領域汎用的な発達を仮定するピアジェ理論に代わり、領域知識の獲得と構造化によって発達を説明する立場が支持を集めるようになった。領域知識の中でもヒトの生存にとって本質的に重要な領域である生物・心理・物理領域については、とりわけ多くの検討が行われ、就学前までに素朴理論が獲得されると考えられるようになった（Inagaki & Hatano, 2002）。生物領域の知識には、食べ物に関する知識も含まれるが、何が安全な食べ物で何が安全でないかを見極めることは、雑食性動物であるヒトにとってその生死を分ける重要事項である。さらに、安全でない食べ物を食べてしまったときに身体がどう反応するか、そしてその状態から脱するために何をすればよいかなど、自分の身体や健康に関する知識も（いずれも生物領域の知識であるが）、生きていくために必ず身につけておかなければならないものである。

素朴理論の「素朴」（naive）とは「科学的」と対比される「素人の」という意味であり、「理論」とは一貫性、存在論的区別、因果性を備えた知識体系を指している（Wellman & Gelman, 1998）。一貫性は文字通り、関連する知識が矛盾なく整合性を保っていることをいい、存在論的区別は理論が適用されるべき対象に正しく適用されることをいう。生物領域の場合、生き物に適用すべき知識を正しく生き物に適用し、人工物や自然物には適用しないことが、存在論的区別を有することになる。最後の因果性は、知識が現象の背景にある深い因果関係を説明できることである。本書で紹介してきた研究は、生物領域の素朴理論を扱ったものであり、素朴生物学研究と呼ばれている。

素朴生物学研究は他の二領域と比べると、近年、勢いを欠いている。心理領域の素朴理論は「心の理論」（theory of mind）といわれ、霊長類学者のプレマック（D. Premack）がチンパンジーのサラを対象として行った一九七八年の研究に端を発している。「チンパンジーは心の理論をもつだろうか？」と題する論文でプレマックはサラが他者（ヒト）の意図を読み行動を正しく推測する能力があることを示した（Premack & Woodruff, 1978）。この主張は一〇年後に撤回されることになるのだが（Premack, 1988/2004）、発達心理学者によって誤信念課題が考案され（Wimmer & Perner,

1983）、ヒトの子どもは就学前頃までに心と現実のズレ、すなわち誤信念を理解するようになることが明らかにされている。「心の理論」研究は自閉症児や乳児を対象とした研究へと広がり、近年は社会脳研究にもつながって大きな発展を見せている。一方、物理領域の素朴理論である素朴物理学は、ピアジェによる「対象の永続性」の再検討から研究が始まり、ピアジェが一歳前後にならないと獲得されないとした物理世界の基本原則（事物は他との接触がない限り同じ時空間に存在し続ける）に関する理解（Piaget, 1937/1954）が、生後半年程度の乳児にも認められることが明らかにされた（Baillargeon et al., 1985）。これは視線を利用した研究法（馴化法）による成果だが、その後次々と、物理世界のさまざまな基本原則（たとえば、事物の運動軌跡は連続していることや支えがなければ落下すること）について、生後数カ月の乳児が気づきを有していることが示されている。

心理・物理領域におけるこうした研究成果と比べると、素朴生物学研究は地味というか、控えめな印象を受ける。「心の理論」研究ほどの広がりをもたず、素朴物理学研究ほどのインパクトを残せていない（と、思う）。素朴生物学研究は子どもに言語反応を求めることが多く、乳児を対象とした研究は多くない。「まだ寝返りもできない乳児が重力の法則に沿わない動きを見せられると驚いたような反応を見せる」という結果に触れると驚くが、「四歳児が遺伝の基本原則に気づいている」と言われても、「まあ、そんなものかもね」と思われてしまうのも、ある意味仕方のないことかもしれない。しかし本書で見てきたように、素朴生物学研究は幼児の有能さを示してきただけでなく、ヒトの認知の本質をえぐり出す研究結果を残している。

●子どもの学び

では、生命現象に関する子どもの学びはどのように進むのだろうか。ヒトの子どもは誕生直後から生き物（動物）の特徴である顔や動物らしい動きに選択的に注意を向け、半年頃までには、事物はみずから動き出さないことを知っているかのような反応を見せるようになる。乳幼児期を通じて、生き物と事物の区別はより明瞭になり、就学前までには、いくら外見がよく似ていてもロボットのような事物には「食べる」「見る」「考える」といった動物固有の属性はないことも理解するようになる。生き物の成長やその原動力となる摂食、病気と死、そして遺伝についても荒削りではあるが、生物学的本質を捉えた理解がつくられる。学校で科学的な知識を教えられる前からこうした理解が認められるということは、また、その理解がアメリカや日本、ドイツ、スペインといった工業国だけでなく、南アフリカ、さらにはアマゾン川流域に住む先住民族といった伝統的な社会でも共通しているということは、ヒトは生得的にこのような理解を有している、あるいは、そのような理解を素早く獲得できるよう設計されているといえるかもしれない。

子どもはこの認知的土台を出発点として、乳幼児期、児童期を通じてより洗練された知識を獲得していく。就学後については、知識の源泉の一つになるのは学校教育だろう。学校での教科学習、植物栽培・動物飼育活動などを通して、子どもは生命に関する理解を深めていくはずだ。しかし、未就学の三歳児と五歳児を比べても年齢差が認められるということは、就学前の日常的な生活場面においてさまざまな学びが展開されていることを意味している。文字の読み書きについては、家庭や園における絵本の読み聞かせ、園にある名前シール、当番活動の手順が書かれたカードといった環境がその習得を後押しする（内田、二〇一七）。識字に対する高い価値づけもそれを支えている。「読み書き」だけでなく「そろばん」も同様である。園で友達の人数を数えたり、おもちゃを友達に分配したりといった活動の中で、子どもは知らず知らずのうちに数に関する知識を増やしていく（榊原、二〇一四）。家庭でもお風呂につかりながら親と一緒に「あといくつ」と数えたり、家族に食べ物や食器を配ったりなど、数に触れる機会は多い。周囲の大人は子どもが文字や数に興味を示すと、すかさず「すごいね」「よくできるね」と言葉をかけ、さらなる興味をかき立てるよう働きかける。

子どもの生活が学びの場になっていることは、生命現象についても同様である。第2章で見たように、動物飼育を通じて、幼児は当該動物だけでなく動物一般に関する知識を学ぶ。筆者の研究（外山、二〇〇九）では、作物栽培もまた幼児の学びの場になることが示されている。野菜や米を栽培し、それを保育園給食で食べるという実践を日常的に行っている園の五歳児は、そのような経験のない同年齢児に比べ、栽培の手順をよく知っているだけでなく、未知の状況における植物の反応を正しく予測することができた。たとえば、「パイナップルに毎日たくさん雨が降ったらどうなるか」という問いに対して、作物栽培の経験がある子どもたちは「枯れる」「育たない」「元気がなくなる」「パイナップルがまずくなる」など、たとえパイナップルについては栽培した経験がなくても、トマトやキュウリの栽培で得た知識を転用させて正しく豊かな予測を生み出すことができたのである。ただし、幼児が生活場面でよく学ぶためには、余裕をもって対象と関わることのできる環境が必要である。第2章で述べたように、限られた時間内で動物の世話をしなければならない状況では、世話をするだけで終わってしまい、知識習得に至らない場合もある。子どもの興味・関心をかき立てる環境、そして子ども自身の自由な探索が許される〝あそび〟のある環境が学びを促すのだろう。

●文化の中での発達

抵抗力の低い乳幼児にとって、病気や食中毒の予防は重要な課題である。そのためか、日本の子どもは小さいうちから帰宅したら手を洗うこと、うがいをすること、落ちたり古くなったりした食べ物は食べないことなどを守るようしつけられる。養育者や保育者は細かい説明はしなくても、子どもが習慣を守らないと、それをするまで繰り返し働きかける（Toyama, 2016）。たとえ明示的な説明はなくても、大人が示す断固とした態度はそれ自体がメッセージになる。衛生習慣そのものに感染を予防する知恵が集積されており、習慣を身につけることがそのまま学びになっているともいえる。

発達研究において、子どもと子どもを取り巻く環境を切り離さず、まるごと捉えることの本質性を指摘したのは社会文化的アプローチのヴィゴツキー（L. Vygotsky）、あるいは生態学的システム理論のブロンフェンブレンナー（U. Bronfenbrenner）である。手洗い、着替え、食事といった日々の活動は文化的・歴史的文脈の中に埋め込まれており、その社会において支持されている健康観や衛生観、インフラの整備状況といった物理的環境、医療制度やその提供体制、養育者や保育者がもっている健康観や衛生観、子ども観、子どもと関わるスタイルなど、さまざまなレベルの物理的・社会的環境の中に位置づけられている。これらがシステムとして子どもを幾重にも取り巻き、子どもが発達する場を構成している（Bronfenbrenner, 1979/1996）。

このように捉えれば、文化によって異なる理解が認められるのは当然である。子どもは他者とともに、文化によって意味づけられた活動に参加するなかで、その意味体系を自分のものとしていく。その一方、生命現象に関する理解はヒトの生存にとってきわめて重要なものであるから、文化を問わずヒトは骨格的な理解を急速に獲得できるよう設計されている。発達初期からある骨格的な理解を〝種（たね）〟と考えてみよう。この〝種〟はどんな文化に属していようと、私たちヒトに普遍的に備わっている。生得的かどうかはおいておくとして、子どもは幼児期初期までにこの〝種〟をもつようになる。しかし、この〝種〟のその後の生育は、それがまかれた土壌の性質、日の当たり具合、温度、雨量によって影響を受ける。環境に応じて葉の色や形、実の大きさや甘さ等に個性が出現し、バリエーションのある木が育っていく。

発達プロセスに関するこの想定があながち間違っていないことは、発達初期には小さかった文化差が、年齢が上がるほど拡大していくという研究結果からも支持される。第４章で取り上げた心身相関現象については、幼児期には認められなかった文化差が児童期そして成人期になると認められるようになった。ピアジェは幼児期（前操作段階）の思考の特徴として実在論、すなわち夢や思考といった主観的現象を客観的に存在するものとして見ることを挙げたが、これに従えば、幼児は心と身体を混同していることになる。しかし筆者らの研究では、むしろ幼児は大人以上に心と身体を切り離して捉えており、この点について日米差はない（Notaro et al., 2001; Toyama, 2010）。心と身体に関する理解の〝種〟は、ピアジェの想定とは異なり、心と身体を明確に区別したもののようである。しかし児童期に入ると、日本の子どもはアメリカの子ども以上に心的状態が原因となって身体不調が生じることを認めるようになる。心と身体を一体のものとして見る「心身一如」の考え方が、日本の子どもの理解の〝種〟を、心身相関を認める方向に育てていくのだろう。一方、アメリカでは心身二元論的考え方が行きわたっており、そのような環境のもとでは心身相関を認めにくい方向へと〝種〟の生育が導かれる。

文化の影響については、「心の理論」についても同様の指摘がある。イギリスの発達心理学者であるウェルマン（H. M. Wellman）は、ここでいう理解の〝種〟を枠組み理論（framework theory）と呼んでいる（Wellman, 1998）。ヒトは文化普遍的に枠組み理論をもっており、この理論は心理現象について立てられる仮説や推論に制約をかける。制約とは現象に関する解釈の仕方や因果関係の考え方に一定の方向を与えるものである。文化を問わず同じ制約がかかるので、子どもはどの文化に生まれようと心理現象について類似した信念をもつようになる。しかし、発達とともに文化固有の考え方がこの枠組み理論に加わり、理解は文化に応じて多様化していく。文化を取り入れることを文化化（enculturation）というが、素朴理論の文化化が進むのである。一方、科学的な知見が集積されるにつれ、文化内で共有されている考え方も変化していく。子どもの理解は文化による影響を受けながら発達していくが、文化自体も科学の発展に伴い変容しつつ、後世へと引き継がれていくのである。

素朴生物学が研究対象として魅力的なのは、文化化を推し進める装置が比較的見えやすい点にある。病気のときに何を食べるのか、病気を予防・治療するために何をするのか、生命が失われたときに身体をどのように取り扱うのかなど、生命に関わるしきたりや習慣は文化によって異なっており、そこには各文化の身体観、死生観等が織り込まれている。したがって、衛生や病気の予防や治癒、食事場面での行動様式など、そのディテールを追いかけていけば、理解の〝種〟が個性をもって育っていくプロセスを明らかにできるはずである。

●ヒトの認知

文化による相違はあるものの、生命現象の理解について興味深い点は、発達初期における文化普遍の〝未熟な〟理解が大人にも認められることにある。テーブルや車といった人工物、雨や太陽といった自然現象に生き物固有の属性があるとするアニミズムは、高齢者にも、また認知的負荷のかかった状況では大人にも、さらには生物学者にさえも、その傾向が確認されている。病気の原因を過去の不道徳な行為にあると見る内在的正義は、状況によっては子どもより大人において顕著である。生き物の属性が死後も存続し続けると見なすこと、つまり死後の世界を肯定することは、現代の科学とは相容れない。遺伝や病気の治療に関する信念も同様である。たとえば、日本の大人は病気の治療について、患者が経験する痛みや必要な努力が異なれば、その医学的内容は同じであっても異なる効果が生じると信じている。

大人におけるこれらの〝誤解〟は、かつて信じられていた学説や現在でも広く実践されているしきたりや習わし、民間に流布する信念（belief）と類似する点が多い。たとえば、幼児が摂食や呼吸といった身体現象を理解するために、一方、大人が心身相関現象を理解するために依拠する生気論は、古代ギリシャの思想にも見られる生物学上の生気論、すなわち「生命現象の合目的性を認め、それが有機的過程それ自身に特異な自律性の結果であると主張する」説（巌佐ら、二〇一三）に通じている。さらに、かつてピアジェが幼児期の特徴とし、現代の高齢者にも認められるアニミズムは、世界各地の原始宗教に見ることができる。オーストラリア先住民アボリジニによる自然崇拝、すべての事物に魂が宿ると考えるアイヌ民族のカムイ（神）信仰など、枚挙に暇がない。使えなくなった針を神社に納める針供養や、不要になった五月人形やひな人形、最近ではぬいぐるみなどの人形を奉納する人形供養といった風習も、針や人形に生命を認めるアニミズムを背景としている。第3章で述べたように、病気治癒を願ってのお祓いや祈禱などは昔から行われていたし、現代に生きる私たちも受験のときにはお守りをもち、「あのとき意地悪したから、罰があたって病気になってしまったのではないか」といった内在的正義に依拠した病因の捉え方を違和感なく受け入れる。内在的正義への支持が、学校教育を受ける児童期に入ると低下するものの、成人期に入ると再び高まることは、この考え方がヒトにとってごく自然なもの、抑制しにくいものであることを示唆している。

アニミズムや内在的正義と同様、神もまた現代の科学で説明することは困難であるが、宗教については、近年、認知科学、進化生物学、進化心理学の分野において活発な議論が繰り広げられている（中野、二〇一四に概観）。アリのような社会性昆虫を研究し、社会生物学、すなわち生き物の社会的行動の進化的機能を検討する学問を創始したウィルソン（E. O. Wilson）は、「信仰を持とうとする傾向は人間の心の中の最も複雑で強力な力であり、おそらくは人間の本性の絶やしがたい一部」（Wilson, 1978/1997, 翻訳書三二一ページ）であるとした。神あるいは宗教を本能（instinct）であるとする主張は、ウェイド（Wade, 2009/2011）による『宗教を生みだす本能』（*The faith instinct*）でも、ベリング（Bering, 2011/2012）による『ヒトはなぜ神を信じるのか』（*The belief instinct*）でも展開されている。宗教的概念は文化によって多様であるものの、死後の世界があるとする想定や超自然的行為者（神）を全知全能とすることなどは宗教を超えて普遍的であり、これらのことが根拠の一つとされている。

なぜヒトは神や宗教といった概念を、まるで本能としてもつに至ったのか。ウィルソンによる集団選択（群選択）説では、自然選択が集団の間にも働くと見る。利他的な行動をする個体が多い集団の方が存続しやすいというのである。その際、宗教は社会集団の範囲を限定し、集団内のメンバーを絶対的な忠誠心で団結させる働きをもつ、すなわち集団を結束させる核になるというのである（Wilson, 1978/1997）。ウェイド（Wade, 2009/2011）は、「（神を）信じる人々の社会は、平時であれ戦時であれ、困難な目標を達成しようとするときに強く団結したはずだ。宗教への本能が生存率を高めた結果、初期の人類にそのような本能を発現させる遺伝子が広まったのだ」（翻訳書五〇ページ）とも述べている。

発達心理学者であるベリング（J. Bering）は、宗教を本能と見る立場を共有しつつ、「心の理論」からこの問題を論じている（Bering, 2011/2012）。ベリングによれば神とはヒトの「心の理論」が生み出した適応的錯覚である。本書でも見てきたように、ヒトは自然現象のように生命のないものに対してさえ心的属性を帰属させ（アニミズム）、生後数カ月の乳児でも事物の動きに意図を帰属させる。心に関するこの強烈な思い込みが超自然的行為者である神をつくり出し、しかもこの超自然的行為者は〝何でもお見通し〟の心をもち私たちをつねに監視している。全知全能の神に監視されているという感覚は、ヒトの利己的で衝動的な行動を抑制し、利他的に振る舞うよう導く。実際、多くの研究において、他者（神ではないとしても）に見られていると、たとえそれが描かれた目であっても向社会的行動が促進されることが知られている（たとえば、Haley & Fessler, 2005）、日本の五歳児も、他者から見られている場面ではそうでない場面よりも他児にシールを多く分配するのである（奥村ら、二〇一六）。

子どもも高齢者も、特定の状況では大人や生物学者でさえ、動く事物や自然現象を生き物のように見てしまうこと、そして胎児や死者に情動や欲求といった心を帰属させることなどは、神を錯覚させる（Bering, 2011/2012）「心の理論」のなせる技といえるだろう。内在的正義や公正世界信念に基づく病因の捉え方をパーソナリスティックな病因論というが（第4章参照）、この病因論への依拠は「なぜ私に？」という問いに対して科学的な病因論（ナチュラリスティックな病因論）が十分な答えを示せないからではないかと、先に述べた。しかし、神や宗教に関する近年の議論を参照すると、別の解釈も見えてくる。病気はみずからの生命を脅かす、ヒトにとっては大きな脅威である。悪行をしていると、また努力を怠ると、その罰として病気が待っている、あるいは病気が治らない。こうした脅しをかけヒトに善行を迫る仕組みが、パーソナリスティックな病因論の背後にあるのかもしれない。パーソナリスティックな病因論は、ヒトが納得を得るために求めたものである一方、社会全体から見れば、ヒトに悪行を慎み、善行を積ませるため仕掛けであるともいえる。

「心の理論」がヒトと他の動物を分かつ特徴であることは、これまでに多くの議論がされてきた。生命現象に関する理解（大人の〝誤解〟を含め）についても、進化という大きな時間軸の中においてみると、それがいかにヒトらしい認知の姿をよく映し出すものであるかがあらためて浮かび上がってくる。ヒトにとって身体は時空間的に存在するたんなるモノではなく、心が宿るところ、情動、欲求、意図といった心的活動が展開する場そのものである。誕生や成長、病気、老化、死といった身体現象の理解からは、ヒトが身体を心の在処として見ることからどうしても離れられない存在であることが浮かび上がってくる。これこそ、ヒトの認知の本質なのかもしれない。

おわりに

ちとせプレスの櫻井堂雄さんから、素朴生物学を題材に原稿をまとめてみないかというご依頼をいただいてから、執筆にとりかかるまで、数年ほど時間がかかってしまった。たまたまその時期に、大学教員のルーティンワークである教育・研究・校務の他に、本務校での役職業務、そして日本発達心理学会の大会事務局長としての仕事が重なったことが理由（というか、いいわけ）である。二〇一九年春から原稿にとりかかり、その秋に櫻井さんに初稿をお渡しした。そして校正原稿を待っていた時期、COVID‐19、そう新型コロナウィルスの感染が世界規模で拡大し、多くの生命が失われることになった。現在、東京では一カ月半にわたる緊急事態宣言が解除されたものの、感染拡大前の日常が戻る日がくるかどうかすら、見通せない状況にある。

本書のテーマは生老病死に関する理解であるが、現在の事態は多くのことを考えるきっかけになった。世界各地に野戦病院のような臨時の医療施設が設営され、棺が積み上げられるというあまりに悲惨な光景を前にして、これは人間が自然環境や野生動物の世界を浸食し、好き勝手やってきたことに対する天罰に違いないという思い（公正世界信念）を抱いた方も多いだろう。私もその一人である。新型コロナウィルスは「ヒトからヒトへは感染しない」とか、「いや、空気感染するんだ」とか、「○○という消毒薬を使えばウィルスを死滅させられる」とか、さまざまな言説が飛び交い、真偽もよくわからないまま、私たちは振りまわされてきた。その姿は、かつてペストやマラリア、スペイン風邪の流行によって大きく社会が混乱したときの人々の姿、そのものであった。まだ医療技術が発達していない時代に起こったこと、歴史上の出来事でしかないと思っていたことが、遺伝子レベルの治療が行われるようになった現在でも見られることは、ヒトの本質がさほど変わらないことを示している。

新型コロナウィルスは、古来、受け継がれてきた弔いの儀式からも私たちを遠ざけた。大切な家族が亡くなっても、火葬され骨壺に納められて戻ってくるまで会うこともできない。死者を見送るにあたって、手ずから化粧を施し、衣装を着せ、身体をさすり、棺に入れ運ぶことができないなかで、私たちは死んでもなお死者の心が自分と共にあるという信念をもち続けることができるだろうか。そしてこのことは、残された者の心に何を残すだろうか。人々がこの困難に対峙し乗り越えていく過程で、生命の捉え方、向き合い方にどのような変化が生じるのか、しっかりと見届けたいと思う。

櫻井堂雄さんには執筆の機会を与えていただいただけでなく、本書の完成に至るまで書き尽くせないほどお世話になった。章構成の立案にあたっては共に考え、草稿の段階では鋭いコメントをくださった。櫻井さんのご尽力なくしては、本書をまとめられなかったように思う。老化や病気に関する理解を研究されている新潟大学の中島伸子さんには、私が一方的に原稿を（しかも分量のある）お渡ししたにもかかわらず、すべてに目を通し的確なコメントと励ましをくださった。記して感謝したい。

二〇二〇年五月

外山紀子

domains. In W. Damon (Ed.), *Handbook of child psychology* (Vol. 2: *Cognition, perception, and language*, pp. 523-573). Hoboken, NJ: John Wiley & Sons Inc.

Wellman, H. M., & Johnson, C. N. (1982). Children's understanding of food and its functions: A preliminary study of the development of concepts of nutrition. *Journal of Applied Developmental Psychology*, *3*, 135-148.

Wilson, E. O. (1978). *On human nature*. Cambridge, MA: Harvard University Press.（岸由二訳，1997『人間の本性について』筑摩書房）

Wimmer, H., & Perner, J. (1983). Beliefs about beliefs: Representation and constraining function of wrong beliefs in young children's understanding deception. *Cognition*, *13*, 103-128.

安田登 (2014).『日本人の身体』筑摩書房

Zaitchik, D., & Solomon, G. E. A. (2008). Animist thinking in the elderly and in patients with Alzheimer's disease. *Cognitive Neuropsychology*, *25*, 27-37.

Toyama, N. (2010). Japanese children's and adults' awareness of psychogenic bodily reactions. *International Journal of Behavioral Development*, *34*, 1-9.

Toyama, N. (2011). Japanese children's and adults' reasoning about the consequences of psychogenic bodily reactions. *Merrill-Palmer Quarterly*, *57*, 129-157.

Toyama, N. (2013). Children's causal explanations of psychogenic bodily reactions. *Infant and Child Development*, *22*, 216-234.

Toyama, N. (2016). Preschool teachers' explanations on hygiene habits and young children's biological awareness of contamination. *Early Education and Development*, *27*, 38-53.

Toyama, N. (2019). Development of integrated explanations for illness. *Cognitive Development*, *51*, 1-13.

Toyama, N. (2020). The development of implicit links between effort, pain, and recovery. *Child Development*.

Toyama, N., Lee, Y. M., & Muto, T. (1997). Japanese preschoolers' understanding of biological concepts related to procedures for animal care. *Early Childhood Research Quarterly*, *12*, 347-360.

内田伸子 (2017).『発達の心理――ことばの獲得と学び』サイエンス社

梅原猛 (1992).「脳死・ソクラテスの徒は反対する――生命への畏怖を忘れた傲慢な『脳死論』を排す」梅原猛編『「脳死」と臓器移植』(pp. 207-236) 朝日新聞社

Wade, N. (2009). *The faith instinct: How religion evolved and why it endures*. New York: Penguin Books.（依田卓巳訳, 2011『宗教を生みだす本能――進化論からみたヒトと信仰』NTT 出版

Ware, E. A., & Gelman, S. A. (2014). You get what you need: An examination of purpose-based inheritance reasoning in undergraduates, preschoolers, and biological experts. *Cognitive Science*, *38*, 197-243.

Wellman, H. M. (1998). Culture, variation, and levels of analysis in folk psychologies: Comment on Lillard (1998). *Psychological Bulletin*, *123*, 33-36.

Wellman, H. M., & Estes, D. (1986). Early understanding of mental entities: A reexamination of childhood realism. *Child Development*, *57*, 910-923.

Wellman, H. M., & Gelman, S. A. (1998). Knowledge acquisition in foundational

Spelke, E. S., Phillips, A. T., & Woodward, A. L. (1995). Infants' knowledge of object motion and human action. In D. Sperber, D. Premack, & A. J. Premack (Eds.), *Causal cognition: A multidisciplinary debate* (pp. 44-78). Oxford, UK: Clarendon Press.

Springer, K. (1992). Children's awareness of the biological implications of kinship. *Child Development*, *63*, 950-959.

Springer, K. (1996). Young children's understanding of a biological basis for parent-offspring relations. *Child Development*, *67*, 2841-2856.

Springer, K., & Keil, F. (1989). On the development of biologically specific beliefs: The case of inheritance. *Child Development*, *60*, 637-648.

Springer, K., & Ruckel, J. (1992). Early beliefs about the cause of illness: Evidence against immanent justice. *Cognitive Development*, *7*, 429-443.

Stevenson, H. W., & Lee, S. Y. (1990). *Contexts of achievement: A study of American, Chinese, and Japanese children*. Monographs of the Society for Research in Child Development, *55*(1-2).

Subrahmanyam, K., Gelman, R., & Lafosse, A. (2002). Animate and other separably moveable objects. In E. Fordes & G. Humphreys (Eds.), *Category-specificity in brain and mind* (pp. 341-373). London, England: Psychology Press.

Swift, A. (2017). In U.S., belief in creationist view of humans at new low. Gullop, Politics, 5 月 22 日. https://news.gallup.com/poll/210956/belief-creationist-view-humans-new-low.aspx（2019 年 8 月 27 日アクセス）

Tamir, P., & Zohar, A. (1991). Anthropomorphism and teleology in reasoning about biological phenomena. *Science Education*, *75*, 57-67.

谷川俊太郎 (2018).『星空の谷川俊太郎質問箱』ほぼ日

Teixeira, F. M. (2000). What happens to the food we eat? Children's conceptions of the structure and function of the digestive system. *International Journal of Science Education*, *22*, 507-520.

Toyama, N. (2000). "What are food and air like inside our bodies?" Children's thinking about digestion and respiration. *International Journal of Behavioral Development*, *24*, 222-230.

外山紀子 (2009).「作物栽培の実践と植物に関する幼児の生物学的理解」『教育心理学研究』*57*, 491-502.

robots. *British Journal of Developmental Psychology, 28*, 835-851.

Schaie, K. W. (2012). *Developmental influences on adult intelligence: The Seattle longitudinal study* (2nd ed.). New York: Oxford University Press.

Schmidt, L. R., & Fröhling, H. (2000). Lay concepts of health and illness from a developmental perspective. *Psychology and Health, 15*, 229-238.

Shtulman, A. (2006). Qualitative differences between naive and scientific theories of evolution. *Cognitive Psychology, 52*, 170-194.

Shtulman, A., & Calabi, P. (2013). Tuition vs. intuition: Effects of instruction on naive theories of evolution. *Merrill-Palmer Quarterly, 59*, 141-167.

Siegal, M. (1988). Children's knowledge of contagion and contamination as causes of illness. *Child Development, 59*, 1353-1359.

Siegal, M. (2008). *Marvelous minds: The discovery of what children know*. Oxford, UK: Oxford University Press.（外山紀子訳，2010『子どもの知性と大人の誤解――子どもが本当に知っていること』新曜社）

Sigelman, C. K. (2012). Age and ethnic differences in cold weather and contagion theories of colds and flu. *Health Education & Behavior, 39*, 67-76.

Sigelman, C., Maddock, A. E., Epstein, J., & Carpenter, W. (1993). Age differences in understanding disease causality: AIDS, colds, and cancer. *Child Development, 64*, 272-284.

Slaughter, V., & Ting, C. (2010). Development of ideas about food and nutrition from preschool to university. *Appetite, 55*, 556-564.

Solomon, G. E., Johnson, S. C, Zaitchik, D., & Carey, S. (1996). Like father, like son: Young children's understanding of how and why off-spring resemble their parents. *Child Development, 67*, 151-171,

Speece, M. W., & Brent, S. B. (1984). Children's understanding of death: A review of three components of death concept. *Child Development, 55*, 1671-1686.

Speece, M. W., & Brent, S. B. (1992). The acquisition of a mature understanding of three components of the concept of death. *Death Studies, 16*, 211-229.

Speece M. W., & Brent, S. B. (1996). The development of childhood understandings of death. In C. A. Corr & D. M. Corr (Eds.), *Handbook of childhood death and bereavement* (pp. 29-50). New York: Springer.

プラトン，岩田靖夫訳 (1998).『パイドン――魂の不死について』岩波書店

Premack, D. (1988). 'Does the chimpanzee have a theory of mind?' revisited. In R. W. Byrne & A. Whiten (Eds.), *Machiavellian intelligence: Social expertise and the evolution of intellect in monkeys, apes, and humans* (pp. 160-179). New York: Oxford University Press.（明和政子訳，2004「『チンパンジーは心の理論をもつか？』再考」藤田和生・山下博志・友永雅己監訳『マキャベリ的知性と心の理論の進化論』（pp. 176-201）ナカニシヤ出版）

Premack, D., & Woodruff, G. (1978). Does the chimpanzee have a theory of mind? *Behavioral and Brain Sciences, 1*, 515-526.

Rakison, D. H., & Poulin-Dubois, D. (2001). Developmental origin of the animate-inanimate distinction. *Psychological Bulletin, 127*, 209-228.

Raman, L. (2014). Children's and adults' understanding of the impact of nutrition on biological and psychological processes. *British Journal of Developmental Psychology, 32*, 78-93.

Raman, L., & Winer, G. A. (2004) Evidence of more immanent justice responding in adults than children: A challenge to traditional developmental theories. *British Journal of Developmental Psychology, 22*, 255-274.

Rosengren, K. S., Gelman, S. A., Kalish, C. W., & McCormick, M. (1991). As time goes by: Children's early understanding of growth in animals. *Child Development, 62*, 1302-1320.

戈木クレイグヒル滋子 (2008).「小児ガンの子どもの闘病体験――研究という名の長距離走」やまだようこ編『人生と病いの語り』（質的心理学講座 2, pp. 103-132）東京大学出版会

斎藤清二 (2012).『医療におけるナラティブとエビデンス――対立から調和へ』遠見書房

酒井シズ (2002).『病が語る日本史』講談社

榊原知美編 (2014).『算数・理科を学ぶ子どもの発達心理学――文化・認知・学習』ミネルヴァ書房

更科功 (2019).『進化論はいかに進化したか』新潮社

Saylor, M. M., Somanader, M., Levin, D. T., & Kawamura, K. (2010). How do young children deal with hybrids of living and non-living things: The case of humanoid

中島伸子 (2010).「年をとるとなぜ皺や白髪が増えるの？ ── 老年期特有の身体外観上の加齢変化についての幼児の理解」『発達心理学研究』*21*, 95-105.

中島伸子・稲垣佳世子 (2007).「子どもの楽天主義 ── 望ましくない特性の変容可能性についての信念の発達」『新潟大学教育人間科学部紀要 人文・社会科学編』*9*, 229-240.

並木美砂子・稲垣佳世子 (1984).「幼児の飼育体験の認知的効果」『日本教育心理学会第 26 回総会発表論文集』92-93.

Nei, M. (2013). *Nutation-driven evolution*. New York: Oxford University Press.（根井正利著・完訳，2019『突然変異主導進化論 ── 進化論の歴史と新たな枠組み』丸善出版）

Nguyen, S., & Gelman, S. A. (2002). Four and 6-year-olds' biological concept of death: The case of plants. *British Journal of Developmental Psychology*, *20*, 495-513.

Notaro, P. C., Gelman, S. A., & Zimmerman, M. A. (2001). Children's understanding of psychogenic bodily reactions. *Child Development*, *72*, 444-459.

Notaro, P. C., Gelman, S. A., & Zimmerman, M. A. (2002). Biases in reasoning about the consequences of psychogenic bodily reactions: Domain boundaries in cognitive development. *Merrill-Palmer Quarterly*, *48*, 427-449.

奥村優子・池田彩夏・小林哲生・松田昌史・板倉昭二 (2016).「幼児は他者に見られていることを気にするのか ── 良い評判と悪い評判に関する行動調整」『発達心理学研究』*27*, 201-211.

奥野克巳・山崎剛 (2007).「病気と文化 ── 人間の医療とは何か？」池田光穂・奥野克巳編『医療人類学のレッスン ── 病いの文化を探る』（pp. 31-54）学陽書房

Panagiotaki, G., Hopkins, M., Nobes, G., Ward, E., & Griffiths, D. (2018). Children's and adults' understanding of death: Cognitive, parental, and experiential influences. *Journal of Experimental Child Psychology*, *166*, 96-115.

Piaget, J. (1929). *The child's conceptions of the world*. London: Routledge and Kegan Paul.

Piaget, J. (1937). *La constuction du réel chez L'enfant*. Neuchatel: Delachaux et Niestle.（Translated by M. Cook, 1954, *The construction of reality in the child*. New York: Basic Books)

advantage in naive biological reasoning. *Cognitive Psychology, 58*, 177-194.

Legare, C. H., Zhu, L., & Wellman, H. M. (2013). Examining biological explanations in Chinese preschool children: A cross-cultural comparison. *Journal of Cognition and Culture, 13*, 67-93.

Legerstee, M., Pomerleau, A., Malcuit, G., & Feider, H. (1987). The development of infants' responses to people and a doll: Implications for research in communication. *Infant Behavior & Development, 10*, 81-95.

Lerner, M. J. (1980). *The belief in a just world: A fundamental delusion*. New York: Plenum Press.

Lockhart, K. L., & Keil, F. C. (2018). *What heals and why? Children's understanding of medical treatments*. Monographs of the Society for Research in Child Development, *83*(2).

Lockhart, K. L., Nakashima, N., Inagaki, K., & Keil, F. C. (2008). From ugly duckling to swan? Japanese and American beliefs about the stability and origins of traits. *Cognitive Development, 23*, 155-179.

Lorenz, K. (1943). Die angeborenen Formen möglicher Erfahrung (The innate forms of experience). *Zeitschrift für Tierpsychologie, 5*, 235-409.

Matsuda, G., Ishiguro, H., & Hiraki, K. (2015). Infant discrimination of humanoid robots. *Frontiers in Psychology, 6*, 1397.

Miller, J. L., & Bartsch, K. (1997). The development of biological explanation: Are children vitalists? *Developmental Psychology, 33*, 156-164.

Mori, M. (1970). The uncanny valley. *Energy, 7*, 33-35.

Morris, S. C., Taplin, J. E., & Gelman, S. A. (2000). Vitalism in naive biological thinking. *Developmental Psychology, 36*, 582-595.

Myant, K. A., & Williams, J. M. (2005). Children's concepts of health and illness: Understanding of contagious illnesses, non-contagious illnesses and injuries. *Journal of Health Psychology, 10*, 805-819.

Nagy, M. H. (1948). The child's theories concerning death. *Journal of Genetic Psychology, 73*, 3-27.

中野毅 (2014).「宗教の起源・再考 ── 近年の進化生物学と脳科学の成果から」『現代宗教 2014』251-285.

Kalish, C. W. (1997). Preschoolers' understanding of mental and bodily reactions to contamination: What you don't know can hurt you, but cannot sadden you. *Developmental Psychology*, *33*, 79-91.

川端亮 (2016).「宗教的信念における共通の因子――8 カ国調査の結果から」『大阪大学大学院人間科学研究科紀要』*42*, 189-208.

河田雅圭 (1990).『はじめての進化論』講談社

Kelemen, D. (1999). The scope of teleological thinking in preschool children. *Cognition*, *70*, 241-272.

Kelemen, D. (2012). Teleological minds: How natural intuitions about agency and purpose influence learning about evolution. In K. S. Rosengren, S. Brem, E. M. Evans, & G. M. Sinatra (Eds.), *Evolution challenges: Integrating research and practice in teaching and learning about evolution* (pp. 66-92). Oxford, UK: Oxford University Press.

Kister, M. C., & Patterson, C. J. (1980). Children's conceptions of the causes of illness: Understanding of contagion and use of immanent justice. *Child Development*, *51*, 839-846.

Kleinman, A. (1988) *The illness narratives: Suffering, healing and the human condition*. New York: Basic Books.（江口重幸・五木田紳・上野豪志訳，1996『病いの語り――慢性の病いをめぐる臨床人類学』誠信書房）

Klin, A., Lin, D. J., Gorrindo, P., Ramsay, G., & Jones, W. (2009). Two-year-olds with autism orient to non-social contingencies rather than biological motion. *Nature*, *459*, 257-261.

ラマルク，小泉丹・山田吉彦訳 (1954).『動物哲学』岩波書店

Leddon, E. M., Waxman, S. R., Medin, D. L., Bang, M., & Washinawatok, K. (2012). One animal among many? Children's understanding of the relation between humans and nonhuman animals. In G. R. Hayes & M. H. Bryant (Eds.), *Psychology of culture* (pp. 105-126). New York: Nova Science Publishers, Inc.

Legare, C. H., & Gelman, S. A. (2008) Bewitchment, biology, or both: The co-existence of natural and supernatural explanatory frameworks across development. *Cognitive Science*, *32*, 607-642.

Legare, C. H., Wellman, H. M., & Gelman, S. A. (2009). Evidence for an explanation

Gratz, R. R., & Pihavin, J. A. (1984). What makes kids sick: Children's beliefs about the causative factors of illness. *Children's Health Care, 12*, 156-162.

Gray, K., & Wegner, D. M. (2012). Feeling robots and human zombies: Mind perception and the uncanny valley. *Cognition, 125*, 125-130.

Haley, K. J., & Fessler, D. M. T. (2005). Nobody's watching? Subtle cues affect generosity in an anonymous economic game. *Evolution and Human Behavior, 26*, 245-256.

Herrmann, P. A., French, J. A., DeHart, G. B., & Rosengren, K. S. (2013). Essentialist reasoning and knowledge effects on biological reasoning in young children. *Merrill-Palmer Quarterly, 59*, 198-220.

Hirschfeld, L. A. (1995). Do children have a theory of race? *Cognition, 54*, 209-252.

池見酉次郎 (1950).『心療内科』中央公論社

Inagaki, K. (1990). The effects of raising animals on children's biological knowledge. *British Journal of Developmental Psychology, 8*, 119-129.

稲垣佳世子 (2010).「若年成人・中高年者における病因についての生気論的理解」『日本心理学会第 74 回大会発表論文集』1127.

Inagaki, K., & Hatano, G. (1993). Young children's spontaneous understanding of the mind-body distinction. *Child Development, 64*, 1534-1549.

Inagaki, K., & Hatano, G. (1996). Young children's recognition of commonalities between animals and plants. *Child Development, 67*, 2823-2840.

Inagaki, K., & Hatano, G. (2002). *Young children's naive thinking about biological world*. New York: Psychology Press.

巌佐庸・倉谷滋・斎藤成也・塚谷裕一編 (2013).『岩波生物学辞典〔第 5 版〕』岩波書店

Johansson, G. (1973). Visual perception of biological motion and a model for its analysis. *Perception and Psychophysics, 14*, 201-211.

Johnson, M. H., Dziurawiec, S., Ellis, H., & Morton, J. (1991). Newborns' preferential tracking of face-like stimuli and its subsequent decline. *Cognition, 40*, 1-19.

Jones, S. S., Smith, L. B., & Landau, B. (1991). Object properties and knowledge in early lexical learning. *Child Development, 62*, 499-516.

Kalish, C. W. (1996). Preschoolers' understanding of germs as invisible mechanisms. *Cognitive Development, 11*, 83-106.

Psychology, *23*, 587-607.

Bertenthal, B. I., Proffitt, D. R., Spetner, N. B., & Thomas, M. A. (1985). The development of infant sensitivity to biomechanical motions. *Child Development*, *56*, 531-543.

Bibace, R., Sagarin, J. D., & Dyl, J. (1998). The heuristic value of Werner's co-existence concept of development. *Journal of Applied Developmental Psychology*, *19*, 153-163.

Bjorklund, D. F., Blasi, C. H., & Periss, V. A. (2010). Lorenz revisited: The adaptive nature of children's supernatural thinking. *Human Nature*, *21*, 371-392.

Brent, S. B., & Speece, M. W. (1993). "Adult" conceptualization of irreversibility: Implications for the development of the concept of death. *Death Studies*, *17*, 203-224.

Bronfenbrenner, U. (1979). *The ecology of human development: Experiments by nature and design*. Cambridge, MA: Harvard University Press.（磯貝芳郎・福富護訳，1996『人間発達の生態学 ── 発達心理学への挑戦』川島書店）

Carey, S. (1985). *Conceptual change in childhood*. Cambridge, MA: MIT Press.（小島康次・小林好和訳，1994『子どもは小さな科学者か ── J. ピアジェ理論の再考』ミネルヴァ書房）

Darwin, C. (1859). *On the origin of species by means of natural selection, or the preservation of favoured races in the struggle for life*. London: John Murray.（八杉龍一訳，1963-1971『種の起源 上・中・下』岩波書店）

デカルト，谷川多佳子訳 (1997).『方法序説』岩波書店

Emmons, N. A., & Kelemen, D. A. (2014). The development of children's prolife reasoning: Evidence from two cultures. *Child Development*, *85*, 1617-1633.

Emmons, N. A., & Kelemen, D. A. (2015). I've got a feeling: Urban and rural indigenous children's beliefs about early life mentality. *Journal of Experimental Child Psychology*, *138*, 106-125.

Foster, G. M., & Anderson, B. G. (1978). *Medical anthropology*. New Yok: John Wiley & Sons.（中川米造監訳，1987『医療人類学』リブロポート）

French, J. A., Menendez, D., Herrmann, P. A., Evans, E. M., & Rosengren, K. S. (2018). Cognitive constraints influence an understanding of life-cycle change. *Journal of Experimental Child Psychology*, *173*, 205-221.

Goldberg, R. F., & Thompson-Schill, S. L. (2009). Developmental "roots" in mature biological knowledge. *Psychological Science*, *20*, 480-487.

文　献

安藤寿康 (2011).『遺伝マインド ── 遺伝子が織り成す行動と文化』有斐閣

朝日新聞出版編 (2009).『あのね ── 子どものつぶやき』朝日新聞社

Au, T. K., & Romo, L. F. (1999). Mechanical causality in children's "folkbiology". In D. L. Medin & S. Atran (Eds.), *Folkbiology* (pp. 355-401). Cambridge, MA: The MIT Press.

Baillargeon, R., Spelke, E., & Wasserman, S. (1985). Object permanence in 5-month-old infants. *Cognition*, *20*, 191-208.

Bares, C. B., & Gelman, S. A. (2008). Knowledge of illness during childhood: Making distinctions between cancer and colds. *International Journal of Behavioral Development*, *32*, 443-450.

Barrett, H. C., & Behne, T. (2005). Children's understanding of death as the cessation of agency: A test using sleep versus death. *Cognition*, *96*, 93-108.

Berends, M. M., & Caron, S. L. (1994). Children's understanding and knowledge of conception and birth: A developmental approach. *Journal of Sex Education and Therapy*, *20*, 18-29.

Bering, J. (2011). *The belief instinct: The psychology of souls, destiny, and the meaning of life*. New York: W. W. Norton and Company.（鈴木光太郎訳，2012『ヒトはなぜ神を信じるのか ── 信仰する本能』化学同人）

Bering, J. M. (2002). Intuitive conceptions of dead agents' minds: The natural foundations of afterlife beliefs as phenomenological boundary. *Journal of Cognition and Culture*, *2*, 263-308.

Bering, J. M., & Bjorklund, D. F. (2004). The natural emergence of reasoning about the afterlife as a developmental regularity. *Developmental Psychology*, *40*, 217-233.

Bering, J. M., Blasi, C. H., & Bjorklund, D. F. (2005). The development of afterlife beliefs in religiously and secularly schooled children. *British Journal of Developmental*

人名索引

ら行

わ行

は行

ま行

や行

た行

な行

さ行

事項索引

著 者

外山 紀子（とやま のりこ）

1993年，東京工業大学総合理工学研究科システム科学専攻博士課程修了。博士（学術）。現在，早稲田大学人間科学学術院教授。

主要著作に，『発達としての共食── 社会的な食のはじまり』（新曜社，2008年），『やさしい発達と学習』（共著，有斐閣，2010年），『乳幼児は世界をどう理解しているか── 実験で読みとく赤ちゃんと幼児の心』（共著，新曜社，2013年），『生活のなかの発達── 現場主義の発達心理学』（共編著，新曜社，2019年），『共有する子育て── 沖縄多良間島のアロマザリングに学ぶ』（共編著，金子書房，2019年）など。

生命(いのち)を理解する心の発達
子どもと大人の素朴生物学

2020年7月31日　第1刷発行

著　者　外山 紀子
発行者　櫻井 堂雄
発行所　株式会社ちとせプレス
〒157-0062
東京都世田谷区南烏山 5-20-9-203
電話　03-4285-0214
http://chitosepress.com
装　幀　髙林 昭太
印刷・製本　中央精版印刷株式会社

© 2020, Noriko Toyama. Printed in Japan
ISBN 978-4-908736-18-6　C1011
価格はカバーに表示してあります。
乱丁，落丁の場合はお取り替えいたします。

関連書籍

子どもは善悪を どのように理解するのか？

道徳性発達の探究

長谷川真里 著

子どもたちは，道徳にまつわる問題をどのようにとらえているのか。子どものもつ道徳性の不思議さ，面白さを，発達的な観点から読み解く。

人口の心理学へ

少子高齢社会の命と心

柏木恵子･高橋恵子 編

命についての問題──生殖補助医療，育児不安，母性，親子，介護，人生の終末──に直面し苦悩し，格闘する心を扱う「人口の心理学」の提案！